上海海事大学经济管理学院专著出版资助

动态能力视角下知识源战略对创新绩效的多维度影响

——基于知识密集型服务企业的实证

金 昕◎著

中国财经出版传媒集团
中国财政经济出版社

图书在版编目（CIP）数据

动态能力视角下知识源战略对创新绩效的多维度影响：基于知识密集型服务企业的实证／金昕著．－－北京：中国财政经济出版社，2020.2
ISBN 978－7－5095－9570－1

Ⅰ．①动… Ⅱ．①金… Ⅲ．①企业管理－知识管理－研究 Ⅳ．①F272.4

中国版本图书馆 CIP 数据核字（2020）第 021532 号

责任编辑：彭　波　　　　　　责任印制：党　辉
封面设计：卜建辰　　　　　　责任校对：胡永立

中国财政经济出版社 出版

URL：http：//www.cfeph.cn
E－mail：cfeph@cfemg.cn

（版权所有　翻印必究）

社址：北京市海淀区阜成路甲 28 号　邮政编码：100142
营销中心电话：010－88191537
北京财经印刷厂印装　各地新华书店经销
710×1000 毫米　16 开　14.5 印张　200 000 字
2020 年 2 月第 1 版　2020 年 2 月北京第 1 次印刷
定价：68.00 元
ISBN 978－7－5095－9570－1
（图书出现印装问题，本社负责调换）
本社质量投诉电话：010－88190744
打击盗版举报热线：010－88191661　QQ：2242791300

前　　言

随着知识经济时代的到来，知识与技术的更新和扩散速度不断加快，企业所处环境越来越复杂多变。知识的持续获取与技术的不断创新俨然已经成为现代企业获得可持续竞争优势的关键因素，这对以知识和技术为载体的知识密集型服务企业提出了更高的要求。中国正处在由劳动密集型经济向知识密集型经济转型的时期，在人口、资源和生态环境约束日益严重的情况下，越来越多的企业意识到高度复杂的创新常常跨越多个技术领域，需要组合多种来源的知识进行快速和持续的开发。通过获取企业内外部知识资源以促进创新的相关研究，受到越来越多创新管理学者的关注。

知识源战略是组织在资源有限的条件下，为了发现新技术、开发新产品以及寻找新机会，利用不同的知识源获取新想法和知识并实现整合的一种战略。近年来，国内外研究者从各自理论背景出发，开始借助内部研发与外部获取、知识搜索、知识库等概念来解释知识源的作用。然而，对于企业知识源，即知识广度与知识深度对企业创新绩效的影响研究，已有的实证结果存在着一定分歧。一些研究发现知识广度和知识深度分别对创新绩效具有显著正向影响；但也有部分学者提出过宽的知识广度会导致大量的想法缺少充分整合和利用，过深的知识深度会在特定领域使企业产生认知障碍，从而削弱其领先部署技术的能力，进而对创新绩效起到阻碍作用。在此基础上，一些学者指出知识广度和深度与创新绩效之间存在着倒"U"形关系。近年来，一些学者根据"双元"理论提出知识广度与深度之间的平衡能够促进创新绩效。

此外，在知识源影响创新绩效作用的路径方面，其影响关系可能并非简单的直接作用关系。以往大多数研究仅考察了知识源对创新绩效的直接作用，未将中介和调节机制纳入其中。这样的研究趋势导致研究者对中介及调节要素的关注不足，难以对知识源战略影响创新绩效的过程"黑箱"进行深入研究。同时，认知学习领域的已有研究表明：组织的动态能力来源于组织的不断学习，因此动态能力很可能是知识源战略与创新绩效关系之间的中间要素。因而，在考察知识源战略与创新绩效关系的过程中，将组织动态能力作为中介、调节变量纳入研究框架，将更加有利于挖掘知识源战略对创新绩效的影响过程机制。

围绕知识源战略与创新绩效研究中存在的分歧和不足，本书拟解决如下理论问题：（1）中国知识密集型服务企业知识源战略、动态能力与创新绩效的内涵和测量模型如何？（2）知识密集型服务企业的知识源战略、动态能力对创新绩效的影响机制如何？（3）知识密集型服务企业的知识源战略与创新绩效关系如何动态演变？为了回应这些问题，本书设计了三个子研究，并取得了以下研究结论。

子研究一：中国知识密集型服务企业知识源战略、动态能力与创新绩效的内涵及测量。该部分首先通过文献梳理，界定知识源战略、动态能力与创新绩效的内涵和构思维度；然后，采用多案例研究与扎根理论相结合的方法，通过六家知识密集型服务企业相关质性资料的收集、分析和整理，初步构建了知识源战略、动态能力与创新绩效影响关系的扎根模型和测量量表。在此基础上，通过大样本调查数据，采用一致性系数检验、探索性及验证性因子分析等技术，验证了知识源战略、动态能力与创新绩效各变量测量量表的信度和效度。研究证实：知识源战略包括知识源广度和知识源深度两个维度，动态能力包括感知能力、转化能力与资本能力三个维度，创新绩效包括探索式创新绩效和利用式创新绩效两个维度。

子研究二：动态能力视角下知识源战略对创新绩效的多维度模型构建及验证。该部分采用理论推演、逐步多元回归和比较分析等方法，研究的主要结论包括：

（1）知识源战略对企业创新绩效具有显著影响。无论是知识源广度还是知识源深度对企业创新绩效都具有显著正向作用，但两者对不同创新绩效的边际效应不同。研究发现，知识源广度比知识源深度更有利于提升企业的探索式创新绩效，知识源深度比知识源广度更有利于提升企业的利用式创新绩效。

（2）知识源广度与知识源深度的平衡对利用式创新绩效具有显著正向影响，但对探索式创新绩效的影响不显著。这也就意味着为了提升组织的利用式创新绩效，知识密集型服务企业应注意知识源广度与知识源深度之间的平衡。与此相反，在提升探索式创新绩效时，知识密集型服务企业应努力提升知识源的广度或深度，尤其是知识源广度，而不是一味追求知识源广度与深度的平衡。

（3）感知能力和转化能力在知识源战略与创新绩效之间具有中介作用。但对于不同类型的创新绩效，两者的中介效应有所不同。感知能力和转化能力有助于揭示知识源战略影响创新绩效过程的"黑箱"。一方面，感知能力和转化能力的培养需要知识源为其提供"土壤"；另一方面，感知能力和转化能力越高，企业就越能在复杂多变的市场环境中感知机遇和把握机会，从而提升组织的创新绩效。

（4）资本能力对探索式创新绩效和利用式创新绩效都具有直接显著正向影响。但资本能力对两个不同维度创新绩效的调节效应要比已有的研究更加复杂。资本能力在知识源深度与探索式创新绩效之间起到正向显著调节作用，随着资本能力的提高，知识源深度对探索式创新绩效的正向影响逐步加强。然而，资本能力在知识源广度与创新绩效之间并未显现调节作用，这说明当企业拥有较多的资源时，企业更愿意将其投入到可替代的工具或产品以提高创新绩效，而不是聚焦于拓宽企业的知识源广度。

子研究三：知识密集型服务企业知识源战略与创新绩效关系的动态演化分析。该部分在借鉴遍历理论和适合度景观理论的基础上，开创性地尝试采用自然科学领域最前沿的研究方法"机器学习"在社会科学领域深度探究知识源战略与创新绩效之间的动态演化规律，在理论和方法上都实现了重大突破。研究结论包括：

（1）对于探索式创新绩效：当知识源广度与知识源深度都处于较低水平时，探索式创新绩效也处于较低水平；在此基础上，当知识源广度得到较快提升、而知识源深度仍处于较低水平时，探索式创新绩效可以得到较快提升。但在企业知识源水平较高时，更加适用的则是"双元平衡"理论，即知识源广度和深度的平衡更加有利于探索式创新绩效的提升。

（2）对于利用式创新绩效：当知识源广度与知识源深度都处于较低水平但存在平衡态时，利用式创新呈现出与其平衡态相对应的创新绩效；但当知识源广度与知识源深度都处于较低水平但不平衡时，利用式创新绩效与知识源广度和深度平衡时的创新绩效相比呈现出明显的下降趋势。同样，在知识源水平较高时，仍然适用"双元平衡"理论，即知识源广度与深度的平衡对利用式创新绩效有显著的正向影响。

（3）知识源战略对创新绩效的作用效应并非简单的"线性""因果"关系，而是存在"阶段性"和"动态演化"的规律。在不同的发展阶段，知识源战略对创新绩效具有不同的影响机制。研究发现，企业的创新绩效并非一个平滑上升的山坡地形，而是由高低不等的平台和峡谷组成。

总之，本书基于多维度研究视角，结合静态及动态研究方法，深入探讨了知识密集型服务企业动态能力视角下知识源战略对创新绩效的多维度影响，并对知识源战略与创新绩效之间的动态演化关系进行了探索性研究。所获得的研究结论不仅充实了相关理论研究，而且对管理实践也有一定的借鉴作用。

金 昕

2018 年 8 月

目 录

第1章 绪论 ··· 1

    1.1 研究背景:知识密集型服务企业 ······································ 2

    1.2 问题提出:知识源战略与创新绩效关系 ··························· 4

    1.3 研究目的和意义 ·· 6

    1.4 研究总体设计 ·· 12

    1.5 技术路线与章节安排 ·· 18

    1.6 本书的创新之处 ·· 21

第2章 文献综述与变量维度界定 ··· 23

    2.1 知识源战略 ·· 24

    2.2 动态能力 ·· 31

    2.3 创新绩效 ·· 36

    2.4 知识源战略、动态能力与创新绩效关系研究 ··················· 40

    2.5 以往研究述评 ·· 45

第3章 动态能力视角下知识源战略对创新绩效的影响机制探索 ··· 49

    3.1 研究方法 ·· 50

    3.2 华为技术创新管理案例 ·· 53

3.3　招商证券创新管理案例 …………………………………… 66
　　3.4　研究过程 …………………………………………………… 75
　　3.5　本章小结 …………………………………………………… 84

第4章　动态能力视角下知识源战略与创新绩效的多维度模型
　　　　建构 ………………………………………………………… 87
　　4.1　知识源战略与创新绩效关系 ……………………………… 88
　　4.2　知识源战略与感知能力及创新绩效 ……………………… 94
　　4.3　知识源战略与转化能力及创新绩效 ……………………… 96
　　4.4　资本能力的跨纬度调节作用 ……………………………… 98
　　4.5　知识源战略、动态能力与创新绩效的关系模型 ………… 99
　　4.6　本章小结 …………………………………………………… 101

第5章　动态能力视角下知识源战略与创新绩效的多维度模型
　　　　验证 ………………………………………………………… 103
　　5.1　研究方法 …………………………………………………… 104
　　5.2　调查问卷设计 ……………………………………………… 105
　　5.3　样本描述和数据检验 ……………………………………… 111
　　5.4　探索性因子分析 …………………………………………… 113
　　5.5　信度与效度验证 …………………………………………… 118
　　5.6　模型验证 …………………………………………………… 129
　　5.7　检验结果与讨论 …………………………………………… 137
　　5.8　本章小结 …………………………………………………… 140

第6章　知识源战略与创新绩效关系的动态演化路径 ……………… 143
　　6.1　研究目的 …………………………………………………… 144
　　6.2　相关理论 …………………………………………………… 144
　　6.3　研究方法 …………………………………………………… 148

6.4 数据处理与动态分析 …………………………………… 156
  6.5 研究结论探讨：动态结论与静态结论对比分析 ……… 164
  6.6 本章小结 ………………………………………………… 166

第7章 研究结论与未来展望………………………………………… 169
  7.1 主要研究结论 …………………………………………… 170
  7.2 主要关系汇总 …………………………………………… 172
  7.3 主要理论进展 …………………………………………… 174
  7.4 本书的管理启示 ………………………………………… 175
  7.5 研究局限及未来展望 …………………………………… 177

参考文献 …………………………………………………………………… 181
附录 ………………………………………………………………………… 211
  附录1：知识源战略、动态能力对创新绩效影响的访谈
        提纲 ……………………………………………………… 211
  附录2：知识源战略、动态能力对创新绩效影响的调研
        问卷 ……………………………………………………… 213

动态能力视角下知识源战略对创新绩效的多维度影响
Chapter 1

第1章 绪　论

本章首先阐述了本书的研究背景，提出了研究问题；其次对研究目的和意义进行了讨论；最后对本书的总体设计、技术路线、章节安排以及创新之处进行了详细说明。

1.1　研究背景：知识密集型服务企业

（1）时代背景。

人类社会的经济发展在经历了农业经济时代、工业经济时代之后，逐步进入了知识经济时代。与以往经济形态不同，知识经济是以知识和信息的生产、交换和使用为基础的经济形式。从20世纪80年代以来，在信息化浪潮的推动下，以美国为首的世界各国纷纷开始探索适合自己国家的经济发展模型。美国的经济从20世纪80年代开始，直到90年代经历了从传统制造业向服务业的痛苦转型。如今，排名综合国力第一的美国，已经形成了其立足于世界经济的三大支柱产业，它们分别是：以纽约的摩根士丹利、高盛为代表的投资金融业，以硅谷的谷歌、苹果为代表的信息产业，以及以好莱坞的迪士尼、时代华纳为代表的文化产业。这些产业均隶属于服务业，从而使美国成为以服务业为驱动的创新知识经济体。再看日本近二十年的产业变迁，以消费电子工业为代表的制造业快速凋零，被以价格优势和技术升级为代表的韩国和中国等新兴电子巨头所替代；商社模式难以为继，曾经进榜财富500强前10的商社如今已全部跌落至100名以外；与制造业、商社、房地产捆绑在一起的金融业早已风光不再，失去了海外影响力。随着传统制造业的衰落，以互联网、快时尚文化、便利店零售为代表的创新型服务业正在日本逐步兴起。在知识经济的背景下，以知识和创新为主导的现代服务业逐渐成为引领经济增长的主要动力。与以运输、旅游和建筑等行业为主的传统服务业相比，理论界把这类以高新技术为载体的服务业称为知识密集型服务业

（knowledge intensive business services），如通信服务业、证券金融业、信息咨询业、工程设计业等。知识密集型服务业以其高技术度、高附加值、高互动率、高创新性等特点在各个领域中崭露头角，成为知识经济时代的标志之一。

（2）行业背景。

在我国，知识密集型服务业起步较晚，但发展迅速，目前仍处于初级阶段。20世纪90年代以来，在传统服务行业的基础上，我国出现了一批以领域交叉为特征的新兴知识密集型服务业，如证券投资服务业、信息与通信服务业、软件与研发服务业、工程设计服务业等。如今，这些行业已成为国民经济中自主创新的重要主体，对整个经济的发展起着越来越重要的作用。与此同时，也应该看到我国的知识密集型服务业无论总量水平还是内部结构都与发达国家存在着很大的差距。根据OECD（2002）的研究，知识密集型服务业对国内生产总值的贡献率在美国高达50%，韩国为22.1%，而同一时期我国该指标仅为7%，截至2010年，该指标只增至8.77%。中国经济在经历了几十年的快速增长后，正在面临着人口红利的消失，国内广阔的市场潜力和廉价的劳动力资源优势也在逐渐殆尽，制造业的发展优势将不复存在。中国经济增长模式不可避免地将由劳动资源驱动型转为知识驱动型、服务驱动型和创新驱动型。在这一过程中，知识密集型服务业必将以其技术优势、服务本质和对创新的巨大推动作用等特点发挥着重要作用。在这样的背景下，加快知识密集型服务业的发展，推动中国产业结构的升级，进而促进国民经济的不断增长，就显得极为重要。因此，本书选取知识密集型服务企业作为研究对象，具有时代现实意义。

（3）技术背景。

随着知识经济时代的到来，计算机技术、信息技术和网络技术的更新和扩散速度不断加快，企业所处的环境越来越复杂与多变，知识的持续获取与技术的不断创新俨然已经成为现代企业获得可持续竞争优势的关键因素，对以知识和技术为载体的知识密集型服务企业则提出了更高的要求。中国正在由劳动密集型经济向知识密集型经济转型，在人口、资源和生态环境约束日益严重的情况下，越来越多的企业意识到高度复杂的创新常常跨越多个技术领域，需要组合多种来源的知识进行快速和持续的开发，以提升企业创新的效率和效果。同时，环境的高动态性表现为变化的可预见性低，市场边界模糊，产业结构不清晰，成功商业模式不清晰，竞争对手、供应商、客户、合作者关系不稳定，导致企业在前瞻性、响应性和应变性方面面临着越来越大的压力和挑战。理论界通过获取企业内外部知识资源以促进创新的相关研究，也受到越来越多创新管理学者的关注。因此，本书将重点关注动态能力视角下知识密集型服务企业知识源战略对企业创新绩效的影响，指导企业如何根据内部自身特征和外部环境特征选择恰当的知识源战略以提升企业创新绩效。

1.2　问题提出：知识源战略与创新绩效关系

当今世界，经济全球化进程的加快、技术周期的缩短、技术融合的加剧等大大促进了新知识、新技术的产生，使新知识、新技术的供给量日益增加。尽管这些以新知识和新技术所产生的专利、期刊和报告等反映最新技术信息和动态的科技资源为挖掘潜在的创新提供了无限可能；但机会不会以预先包装好的形式主动呈现在企业的面前。企业没有同等的机会去感知和接近所有的经济机会，它们对机会的发现取决于建立在先验知识基础上的出众的信息获取能力和知识整合能力。

随着创新研究的深入，在影响创新绩效的因素方面，关于知识源对企业创新绩效的影响研究开始逐步受到研究者的关注。近年来，国内外研究者从各自理论背景出发，开始借助内部研发与外部获取、知识搜索、知识库等概念来解释知识源的作用。然而，对于企业知识源，即知识的广度与深度对企业创新绩效的影响研究，已有的实证结果存在一定的分歧。一部分学者发现知识广度和知识深度分别对创新绩效具有显著正向影响。例如，Chesbrough（1995）的研究指出，广泛而多样的知识基础、累积的观察和线索有助于理解新的信息和潜在的变化，增强了公司监测远程技术或市场机会的能力，为其进行变革式创新。然而，也有部分学者提出对创新资源的过度搜索和获取会对创新绩效造成负面影响。例如，Koput（1997）提出过宽的知识广度会导致大量的想法缺少充分整合和利用，过深的知识深度会在特定领域使企业产生认知障碍，从而削弱其领先部署技术的能力，进而对创新绩效起到阻碍作用。在此基础上，一些学者通过实证研究发现知识广度和深度与创新绩效之间存在着"先扬后抑"的倒"U"形关系。例如，Laursen 和 Salter（2006）通过对英国 2707 家制造企业的创新调查数据，运用 Tobit 模型分析证实知识源与创新绩效之间存在倒"U"形关系，即知识搜索宽度和深度越强，企业越容易获取和保持创新，但是过度的知识搜索宽度和深度对创新绩效存在负向影响。随着研究的深入，近年来，一些学者根据"双元平衡"理论提出并证实知识广度与深度之间的平衡能够促进创新绩效。

那么，关于知识源战略与创新绩效之间的关系究竟如何？现有的研究结论是否适用于所有情景？本书通过文献分析发现，现有研究主要存在以下四个方面的问题：其一，关于知识源和创新绩效的定义，学者们从各自的研究视角出发赋予了不同的内涵，在具体的测度视角和测度指标上标准各异，缺少公认的权威测量方法；其二，大多数学者仅对知识源与创新绩效之间的直接作用关系进行研究，没有将企业自身动态能力等因素纳入其研究框架，不同企业的动态能力可能会导致知识源战略与创新绩效之间在不同细分维度上呈现出不同的关系状态；其三，不同国家的经济体制、产业环境与发展水平各异，不同企业所处的行业、规模、年限和性质不同，可能会导致研究结论的有所不同;其四,以往学者对知识源战略与创新绩效关系的研究都是基于静态视角,忽视了知识源战略与创新绩效关系动态变化关系,而只有考察两者的动态变化关系才有可能真正揭示知识源战略与创新绩效之间的发展演化规律。

基于以上分析发现,准确考察中国知识密集型服务企业的知识源战略与创新绩效关系需要解决以下问题:其一,通过质性分析和定量研究,准确建构并验证适用于中国情景的知识源战略与企业创新绩效的测量指标,以解决"知识源战略与创新绩效缺少公认的权威测量指标和测量方法"的问题;其二,将企业动态能力纳入知识源战略与创新绩效关系研究框架系统分析,以解决"由于动态能力的差异可能会使知识源战略与创新绩效之间呈现不同关系状态"的问题;其三,根据遍历理论、机器学习等研究方法,探究"知识源战略与企业创新绩效之间的动态演化关系"问题。

1.3 研究目的和意义

1.3.1 研究目的

为了深入探究中国知识密集型服务企业的知识源战略如何影响企业创新绩效,并阐释其关系的动态变化过程,本书展开了一系列的研究,具体研究目的可以概括为:

(1) 建构并验证知识源战略、动态能力与创新绩效测量指标。

在为数不多的已有实证研究中,多数学者采用知识源的数量和程度对知识源的广度和深度进行测度,采用新专利数对企业创新绩效特征变量进行测度。采用知识源的数量和程度对知识源广度和深度进行测量的缺陷在于由于缺少成熟量表所导致的数据结构的不稳定性;采用专利数来测量企业创新绩效的缺陷在于企业申请专利积极性的差异和专利申请时效的滞后性会影响测量指标的准确度。本书希望在借鉴国内外研究的基础上,以中国知识密集型服务企业为研究对象,通过多案例研究与扎根理论研究相结合的方法,初步构建知识源战略、动态能力与创新绩效影响关系的扎根模型和测量量表;然后,通过大样本调查数据,验证知识源战略、动态能力与创新绩效各变量测量量表的信度和效度。为今后有关知识与创新领域的相关实证研究提供了可供操作的测量工具。

(2) 探究知识源战略、动态能力对创新绩效的作用机制。

目前,在知识源对创新绩效关系的相关研究中,绝大多数学者仅仅关注两者之间的关系,缺乏对其他因素的探讨。已有学者指出,感知能力在搜索路径、组织能力积累和组织适应性演化中具有重要作用。因此,本书拟在相关理论研究的基础上,建构并验证"知识源战略、动态能力与创新绩效关系的多维度模型",以探究组织动态能力影响创新绩效的中介及调节机制。其一,从感知能力研究视角出发,验证"知识源战略→感知能力→创新绩效"之间的关系;其二,从转化能力研究视角出发,验证"知识源战略→转化能力→创新绩效"之间的关系;其三,验证资本能力在知识源战略与创新绩效关系间的调节作用;其四,对比分析不同维度的知识源战略对不同维度的创新绩效的影响差异。预期的研究结论将有助于从多重视角及多个维度解释知识源战略与创新绩效研究中的作用"黑箱"。

(3) 探究知识源战略与创新绩效之间的动态变化关系。

已有研究表明,知识源战略与创新绩效之间存在静态的相关关系,但仅从静态分析视角出发,无法准确描述两者之间相关关系的动态演化规律,其研究结论的稳定性也难免受到质疑。本书拟通过机器学习方法,在借鉴遍历理论和适合度景观理论的基础上,探究知识源战略与创新绩效之间的动态变化关系,以期为今后有关创新绩效的研究提供可供借鉴的动态研究思路。

1.3.2 研究意义

本书以中国知识密集型服务企业为样本,通过知识源战略、动态能力对创新绩效作用机制的探究,不仅为中国知识密集型服务企业选择知识源战略与提升创新绩效提供了可供借鉴的理论依据,而且首次将自然科学领域最先进的研究方法——机器学习探索性地应用到社会科学领域,实现了知识与创新领域研究方法的重大突破。

1.3.2.1 理论意义

在文献梳理的基础上,本书采用多元线性回归和机器学习分析方法,揭示了知识源战略、动态能力与创新绩效之间的作用机制及动态变化规律,这在一定程度上对以往研究进行了补充和扩展,其理论意义主要体现在以下几个方面:

(1) 在文献分析和案例研究的基础上,通过扎根理论、质性分析、探索性及验证性因子分析方法构建并验证了中国知识密集型服务企业知识源战略、动态能力与创新绩效关系的扎根模型和测量量表,为今后有关知识与创新领域的相关实证研究提供了可供操作的测量工具。

(2) 本书充分考虑了知识源战略和企业创新绩效之间各维度的交互作用,通过多维度研究模型系统探究了知识源战略各维度对创新绩效各维度究竟是促进或阻碍作用还是倒"U"形作用。预期的研究结论不仅能够阐释中国知识密集型服务企业在知识源战略与创新绩效各维度的作用关系是否存在差异,而且能够为研究中国情景下的管理创新问题提供多维度的研究框架和理论依据。

(3) 将组织动态能力作为中介变量和调节变量引入知识源战略与企业创新绩效关系的分析过程之中,探讨知识源战略和组织动态能力通过何种机制影响企业创新绩效,以及对比组织动态能力在知识源战略和创新绩效各维度的作用关系是否存在差异，突破了以往仅探讨知识源战略与创新绩效两者关系的局限，揭示了组织动态能力在知识源战略与创新绩效各维度的多重中介机制和调节机制，为探究创新绩效影响因素的"黑箱"提供了新的研究视角。

（4）以往关于知识源战略与创新绩效的研究多数都秉承静态观点，本书在借鉴遍历理论和适合度景观理论的基础上，首次尝试在社会科学领域采用自然科学领域最前沿的研究方法——机器学习，深度探究知识源战略与企业创新绩效之间的动态变化关系。预期研究结论不仅解释了创新绩效中的时间效应问题，也为今后与知识和创新相关的研究课题提供可供借鉴的动态研究思路。在理论发现和研究方法方面都实现了较大的突破。

1.3.2.2 实践意义

目前，围绕中国知识密集型服务企业管理创新的研究较为缺乏，因此本书对我国知识密集型服务企业的组织学习实践具有很重要的现实指导意义。其一，由于知识源战略与创新绩效的作用关系不明确，管理者很难判断何种知识源战略促进或阻碍何种创新绩效，以及中国知识密集型服务企业应该采用何种知识源战略以提升创新绩效。其二，由于企业的组织动态能力高低不同，并且感知能力、转化能力以及资本能力等组织动态能力会对企业绩效产生重要的积极影响，因此如何更好地了解动态能力的作用过程能够为我国企业提升创新绩效提供相应的指导实践。其三，由于知识获取和创新活动都是动态的运作过程，静态地研究知识源战略对创新绩效的作用关系很容易陷入"形而上学"的矛盾，因而只有探究两者的动态变化关系才能得出更具有指导意义的研究结论。

本书在文献分析以及质性研究的基础上，采用传统统计学和机器学习两种研究方法，探究了中国知识密集型服务企业知识源战略、动态能力以及创新绩效之间的静态和动态关系，其预期研究结论具有一定的实践意义，主要体现在：

（1）探究知识源战略与企业创新绩效的作用关系，有助于管理者"拨开云雾见月明"，恰当地发挥知识源战略的积极作用以提升企业的创新绩效。本书的研究结果表明：知识源战略对提升企业创新绩效具有重要作用。无论是知识源广度还是知识源深度对企业创新绩效都具有显著正向影响，但两者对于不同创新绩效的边际效应不同。知识源广度比知识源深度更有利于提升企业的探索式创新绩效，知识源深度比知识源广度更有利于提升企业的利用式创新绩效。但随着知识源深度的增加，其对创新绩效的边际贡献逐步递减，原因是过度的知识深度会产生一定的负向影响并导致知识边际收益递减。知识源广度与深度的平衡对利用式创新绩效具有显著正向影响，但对探索式创新绩效的影响不显著。这也就意味着为了提升组织的利用式创新绩效，企业应注意知识源广度与深度之间的平衡。与此相反，在提升探索式创新绩效时，知识源广度与深度的平衡不呈现显著影响，企业应努力提升知识源广度或深度，而不是一味追求知识源广度与深度的平衡。这些结论有助于知识密集型服务企业管理者辩证地认识知识源战略的作用，对其更有针对性地加以合理利用，从而发挥知识源战略对企业创新绩效的积极影响。

（2）对组织动态能力影响企业创新绩效多重中介机制和调节机制的探索，有助于剖析多层次因素影响创新绩效的作用过程，使管理者更清晰地了解通过哪些中间因素可以提升组织的创新绩效。本书发现，感知能力和转化能力在知识源战略与企业创新绩效之间具有中介作用。但对于不同的创新绩效，两者的中介效应有所不同，有部分中介效应，也有完全中介效应。资本能力对企业的探索式创新绩效和利用式创新绩效都具有直接显著正向影响。但资本能力与知识源战略的两个不同维度的交互所产生的作用不同，这也就意味着资本能力对于两个不同维度的创新绩效的调节作用要比已有的研究更加复杂。资本能力在知识源深度与探索式创新绩效之间起到正向显著调节作用；然

第1章 绪论

而，资本能力在知识源广度与企业创新绩效之间并未显现调节作用，原因可能是当企业拥有较多的资源时，企业可能更愿意将冗余资源投入可替代的工具或产品中以提高创新绩效。因此，管理者可以采取相应的措施提升企业的感知能力、转化能力和资本能力，进而提升企业的创新绩效。

（3）探索知识源战略与创新绩效之间的动态关系变化，突破了传统的动态研究范式，有助于管理者更准确地把握两者关系的动态变化特征，进而在企业发展的不同阶段采取更有针对性的措施以提升企业的创新绩效。研究结论发现，知识源战略与企业创新绩效之间呈现一定的动态变化关系，两者之间并非简单的线性关系，而是一个复杂的非线性关系。随着知识源战略的不断调整变化，企业创新绩效呈现出高低起伏的阶段水平。当知识源广度与深度有了质的提升时，企业创新绩效会实现突破性的飞跃，这就是涌现性。此外，知识源战略在不同的发展阶段对不同维度的创新绩效呈现出不同的影响路径。当知识源广度与知识源深度都处于较低水平时，探索式创新绩效也处于较低水平；在此基础上，当知识源广度得到较快提升而知识源深度仍处于较低水平时，探索式创新绩效可以得到较快提升。因此，当知识源广度与知识源深度都处于较低水平时，单纯地关注知识源广度与深度之间的平衡对提升企业的探索式创新绩效没有实际意义，管理者应该努力提升知识源广度或知识源深度，特别是知识源广度，以使企业更加有效地提升探索式创新绩效。与此相反，当知识源广度与知识源深度都处于较低水平且存在平衡态时，企业的利用式创新呈现出与其平衡态相对应的创新绩效；当知识源广度与知识源深度都处于较低水平但不平衡时，企业的利用式创新绩效与知识源广度和深度平衡时的创新绩效相比呈现出明显的下降趋势。因此，对于提升企业的利用式创新绩效，当知识源广度与知识源深度都处于较低水平时，管理者应该关注两者之间的平衡，共同提升知识广度与知识深度的水平。但当知识源的广度与知识源的深度都达到较高水平时，知识源广度与深度的平衡无论是对企业的探索式创新绩效还是利用式创新绩效都会有显著的促进作用。

1.4 研究总体设计

1.4.1 以往研究总结

根据相关文献的系统回顾发现，知识源、创新绩效、动态能力和知识密集型服务企业等的相关研究已经取得了一定的进展，为本书的研究设计提供了较为扎实的理论基础。然而，已有研究也遗漏了一些尚未涉及的"盲点"，需要后继研究进行补充。

首先，在知识源与创新关系的研究方面，取得了一定的研究成果。已有研究考察了知识源广度、知识源深度、本地知识源、远程知识源等变量对创新绩效的直接影响，这些研究结论为进一步研究知识源战略影响创新绩效的过程"黑箱"提供了理论基础。然而，在知识源战略和创新绩效的实证研究方面，目前关于中国企业的实证研究较少，尤其是缺少可供操作的适合中国知识密集型服务企业的测量量表。由于目前没有系统的可供参考的适合中国企业情景的量表，因而开发和验证适合中国企业情景的测量量表既是一项探索性的尝试又是一项具有挑战性的课题。

其次，关于知识源影响创新绩效的研究中对于创新绩效的影响研究一直以来都过于笼统，绝大多数文献仅从单一维度研究创新绩效，没有意识到知识源影响创新绩效的各维度之间的复杂性和交互性。由于没有对创新绩效进行多个维度的区分，因而缺少知识源战略对不同维度的创新绩效的比较研究，尤其缺少知识源战略对不同维度的创新绩效影响的实证分析。这就要求研究者必须构建多维度的研究模型，进而理清研究变量不同维度之间关系的交互性和复杂性。

再次，在知识源与创新绩效的研究方面，已有的研究对于知识源影响创新绩效的中介机制和调节机制研究明显不足，特别是企业动态能力在知识源与创新绩效之间的作用关系尚未有相关实证研究涉及。例如，关于企业动态能力中的资本能力，组织学习理论提出资本能力能够对企业绩效起到正向促进作用，代理理论认为资本能力对创新具有消极作用，从而伤害组织绩效。那么企业资本能力对知识源战略与创新绩效关系的调节机制究竟如何，是本书所需要解决的问题之一。

最后，以往绝大多数研究都是基于静态研究视角，建构知识源和创新绩效的相关要素的静态关系模型。然而，在考察知识源战略与创新绩效关系的过程中，静态研究视角仅能验证两者之间是否存在相关关系，并不能深入考察两者在不同的发展阶段相互作用的动态变化规律。

1.4.2 研究总体构思

1.4.2.1 研究内容

基于对以往研究的进展以及研究"盲点"的总结，本书围绕四个主要问题展开研究：其一，可供操作的适合中国知识密集型服务企业的知识源战略、动态能力与创新绩效的内涵和测量量表应该如何设计更科学；其二，知识源战略对企业创新绩效的影响如何，不同维度之间是否存在差异；其三，组织动态能力影响知识源战略与企业创新绩效之间关系的过程机制如何，对于不同维度的作用路径是否存在差异；其四，知识源战略与创新绩效之间关系如何动态演化。依据以上研究问题，本书的主要内容如下：

（1）开发和验证可供操作的适合中国知识密集型服务企业的知识源战略、动态能力与创新绩效的测量量表。本书在以往研究框架的基础上，结合中国本土企业的实际情况特征，通过案例研究收集素材，并采用扎根理论方法，界定和开发了适合中国情景的知识源战略、动态能力和创新绩效的内涵和测量量表。然后，根据大样本调研数据对测量量表进行了信度和效度检验。由于目前没有系统的可供参考的适合中国企业的测量量表，因而本书开发和验证量表的工作既是一种探索性的尝试又是一项具有挑战性的课题。

（2）探究知识源战略对创新绩效不同维度的作用。本书试图基于"双元"理论来考察中国知识密集型服务企业知识源战略对创新绩效不同维度的影响。其主要内容包括：知识源广度对探索式创新绩效的影响，知识源广度对利用式创新绩效的影响；知识源深度对探索式创新绩效的影响，知识源深度对利用式创新绩效的影响；知识源广度与深度的平衡对探索式创新绩效的影响，知识源广度与深度的平衡对利用式创新绩效的影响；几种不同维度的作用关系之间的比较分析。

（3）组织动态能力影响企业创新绩效的多重中介调节机制的探索。目前在知识源影响创新绩效过程的研究中，绝大多数学者仅关注两者之间的直接相互作用关系，缺乏将其他因素作为中介及调节变量的实证研究，尤其缺乏将组织动态能力纳入其中进行系统的探讨。因此，本书基于多维度的研究视角，建构并验证"知识源战略、动态能力与创新绩效的多维度模型"，以探索知识源战略影响企业创新绩效的多维度中介模型。其主要研究思路包括：从基于认知论的知识源战略研究视角出发，验证"知识源战略→感知能力→企业创新绩效"的中介路径；从基于学习论的知识源战略研究视角出发，验证"知识源战略→转化能力→企业创新绩效"的中介路径；从基于资源论的知识源战略研究视角出发，验证"知识源战略→资本能力→企业创新绩效"的调节路径；对比分析组织动态能力在知识源战略与企业创新绩效的不同维度之间的研究结论是否存在差异。

（4）知识源战略与创新绩效之间的动态关系。已有的经验研究表明，知识源战略与企业创新绩效之间存在静态的相关关系，但仅从静态分析视角出发，无法准确描述两者之间相互关系的动态演化规律。本书根据遍历理论，通过机器学习方法，运用适合度景观理论，探究知识源战略与创新绩效关系的动态变化规律。

1.4.2.2 研究方法

科学研究的过程必须结合多种研究方法，因为不同的研究方法之间具有互补性，可以弥补单一研究方法的缺点和盲点，以保证研究结果的准确性。社会科学研究方法主要可以分为质性研究和量化研究两大类。质性研究方法主要包括归纳和定性，即从观察问题出发，通过内容分析，逐步归纳和建立理论。量化研究方法主要包括演绎和定量，即从理论概念出发，通过模型构建，验证研究假设。本书采取了质性研究与量化研究相结合的方法。此外，本书还探索性地运用了自然科学领域里机器学习的研究方法，实现了社会科学研究方法与自然科学研究方法的有效结合。根据研究目的与内容，本书具体采用了如下分析方法：

（1）文献研究方法。

本书通过文献研究方法，对国内外相关文献进行了系统梳理和深入研究，界定了知识源战略、动态能力与创新绩效的概念内涵。同时，在理论总结与拓展的基础上，归纳出各相关主题文献的发展脉络，发现文献之间的相互关系，形成本书的研究思路。

（2）案例研究方法与扎根理论。

本书通过案例研究方法及扎根理论方法探索知识源战略、动态能力和创新绩效的影响机制，构建扎根模型并开发测量量表。

（3）访谈与问卷调查方法。

本书通过半结构化访谈方法，收集中国知识密集型服务企业知识源战略、动态能力与创新绩效的管理现状，为案例研究提供了资料和素材。同时，通过问卷调查法收集中国知识密集型服务企业知识源战略、动态能力与创新绩效各概念的量表数据。

（4）计量统计方法。

本书采用多种统计分析方法对问卷调查数据进行处理，以检验各构念的测量量表以及验证研究模型中的假设关系。在统计分析中具体主要涉及以下方法：①在对统计数据进行初步处理时主要涉及描述性统计、相关分析、CITC、正态性检验、Harman 单因素检验等方法；②在对测量量表的各构念进行检验时主要涉及探索性及验证性因子分析、信度与效度分析和结构方程分析等方法；③在对多维度模型和研究假设进行验证时主要涉及多元回归分析和相关分析。该部分统计分析主要采 SPSS 18.0 和 AMOS 17.0 软件包。

（5）机器学习方法。

机器学习是使用实际预测精度作为性能测量指标的一种研究方法，通过探索更加复杂的学习模型来捕捉那些隐藏在大型现代数据中的"真实"信息。本书采用机器学习算法，通过比较 MART、LR、NN 和 SVM 四种不同学习模型的训练集和测试集的 R^2 值，最终选择出最具有解释力的 MART 模型进行分析，模拟了知识源战略与创新绩效之间的动态变化关系。

（6）比较研究方法。

本书尝试将自然科学领域最前沿的研究方法——机器学习运用到社会科学领域的研究中，因此有必要将所发现结论与现存研究结论进行比较分析。本书通过将机器学习的研究发现与统计分析中相类似的研究结论进行比较，深化和改进了现有理论；通过将机器学习的研究发现与统计分析中相冲突的研究结论进行比较，能更加清楚地厘清了不同理论成立的情境条件。

1.4.2.3 多种研究方法相结合的架构

本书遵循了质性研究与量化研究相结合的研究思路。首先，在系统梳理国内外相关文献的基础上提出现存问题，通过案例研究和扎根理论，初步构建了知识源战略、动态能力和创新绩效的扎根模型和测量量表，实现了演绎与归纳的相结合。在此基础上，通过理论推演构建了知识源战略、动态能力与创新绩效关系的多维度模型并提出相关

第 1 章 绪论

假设。然后,通过实证分析验证了理论模型和相关假设,得出研究结论并给出具体建议,实现了定量研究与定性研究的相结合。并且在研究过程中的每一阶段都尽量采用多种方法展开研究,其研究方法的具体架构如图 1.1 所示。

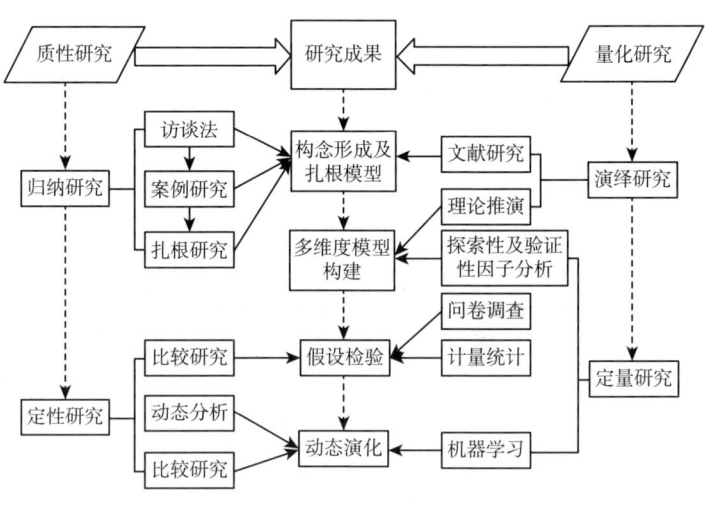

图 1.1　多种方法相结合的研究架构

1.4.2.4　研究内容与研究方法的契合

根据研究内容选择适合的研究方法是保证科学研究准确度的前提。本书将研究问题、研究内容和研究方法之间的内在匹配关系表示如表 1.1 所示。

表 1.1　　　　　研究内容与研究方法的契合

研究问题	研究内容	研究方法	章节
1. 中国知识密集型服务企业知识源战略、动态能力与创新绩效的内涵、测量及影响机制如何?	知识源战略、动态能力与创新绩效概念内涵的界定	文献分析	第 2 章
	知识源战略、动态能力与创新绩效测量量表及扎根模型的初步构建	半结构化访谈、多案例研究、扎根理论	第 3 章

续表

研究问题	研究内容	研究方法	章节
2. 中国知识密集型服务企业知识源战略、动态能力对创新绩效的多层次作用关系如何？	知识源战略、动态能力与创新绩效多维度模型的构建	文献分析、理论推演、探索性及验证性因子分析	第4章 第5章
	多维度模型的验证，主要包括：知识源战略（广度/深度/平衡）与创新绩效（探索式创新/利用式创新）的关系验证及比较研究；知识源战略→感知能力/转化能力→创新绩效的中介路径及比较研究；资本能力在知识源战略与创新绩效关系间的调节作用	信度与效度分析、共同方法偏差检验、正态性检验、相关分析、多元回归分析	第5章
3. 知识源战略与创新绩效之间的动态变化关系如何？	知识源战略与创新绩效动态关系的模拟及分析	遍历理论、适合度景观理论、机器学习方法	第6章
	动态关系结论与静态关系结论的比较分析：通过相似结论的比较研究，深化和改进现有理论；通过相冲突结论的比较研究，厘清不同理论成立的情境条件	比较研究	第6章

1.5 技术路线与章节安排

1.5.1 技术路线

本书以中国知识密集型服务企业的知识源战略为出发点，关注企业知识源广度、深度及其平衡如何分别影响企业的探索式创新绩效和利用式创新绩效，以及组织动态能力在其中所起到的中介作用和调节作用。本书的技术路线如图1.2所示。本书共分为四个阶段：文献综述及问题提出、模型建构和假设建立、模型验证以及形成最终研究结论。

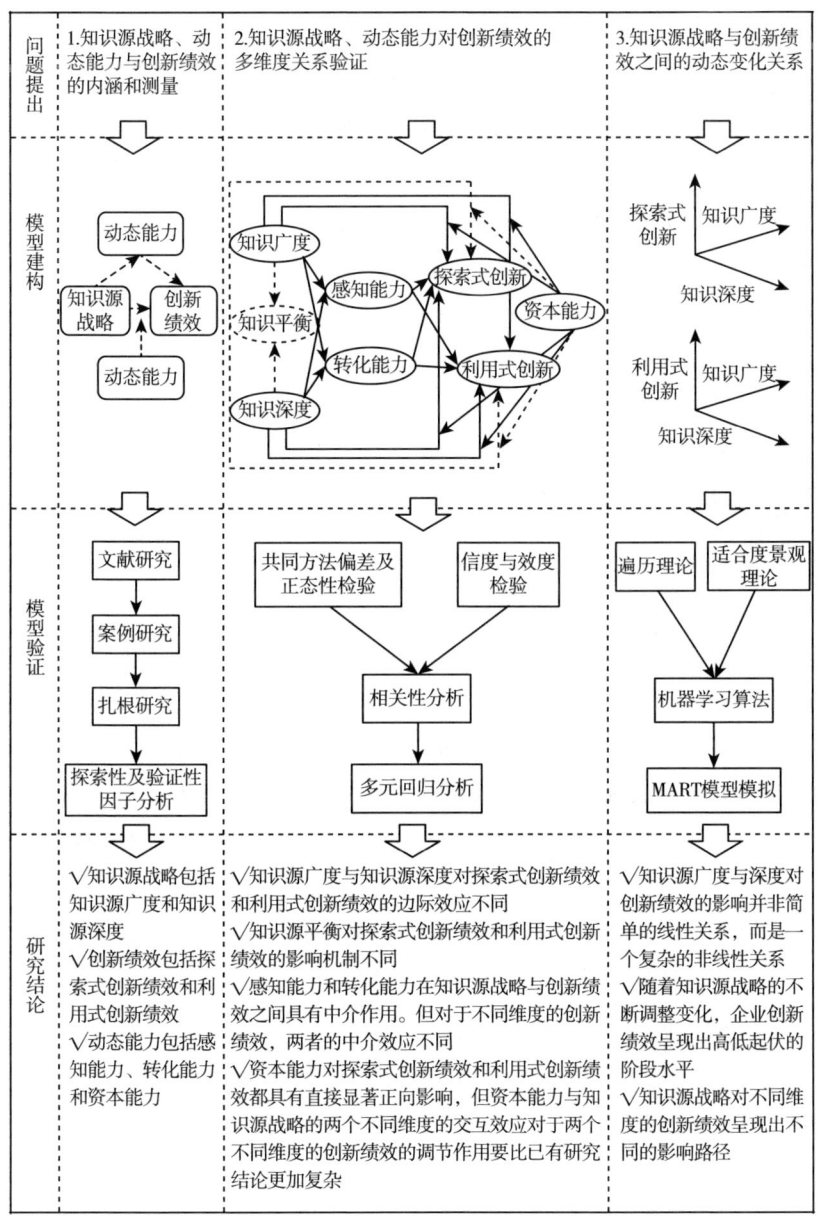

图 1.2 本书的技术路线

第一阶段，文献综述及问题提出。该阶段主要在梳理国内外相关知识源、创新绩效等文献的基础上，识别现有理论研究的空白。在文献阅读中，笔者发现现有研究缺乏对中国知识密集型服务企业知识源战略的研究，在知识源战略、组织动态能力和企业创新绩效方面也缺乏适合中国情景的成熟量表。此外，在知识源战略对企业创新绩效的影响方面，未区分不同知识源战略对不同创新绩效的影响机制；在动态能力对知识源战略和创新绩效中的中介、调节机制，现有研究缺乏系统的解释。最后，笔者发现知识源战略与创新绩效的现有实证研究主要停留在静态关系层面，探讨两者动态关系变化的实证研究十分有限。因此，本书就以知识源战略如何影响知识密集型服务企业的创新绩效作为研究主题，围绕这个基本主题，本书将分为三个紧密相关的子研究问题。

第二阶段，模型建构和假设建立。首先通过案例研究和扎根理论初步构建扎根模型和测量量表；然后通过研究国内外关于知识源、动态能力和创新绩效的相关文献进行理论推演，构建本书的多维度理论模型并形成研究假设。

第三阶段，模型验证。通过问卷调查的方法收集大样本研究数据。本书采用探索性及验证性因子分析检验各变量的测量量表；采用共同方法偏差检验、正态性检验、信度及效度分析、相关分析和多元线性回归等统计方法对模型和假设进行验证；采用遍历理论、适合度景观理论和机器学习算法中的 MART 模型模拟了知识源战略、动态能力与创新绩效之间的动态变化关系。

第四阶段，形成最终研究结论。将本书的研究结论与现有研究结论进行对比分析，深化和改进现有理论，并厘清不同理论成立的情境条件，并对本书的理论贡献、实践意义、研究局限和未来方向进行讨论。

1.5.2 章节安排

在"三个问题四个阶段"研究思路的基础上，本书共分为七个章节，各章节的具体内容安排如下：

第 1 章为绪论。本章首先介绍本书的研究背景和研究意义，并结合已有研究不足和企业实际情况提出研究问题；其次介绍本书的研究内容、研究方法、研究架构和技术路线；最后探讨本书的创新之处。

第 2 章为文献综述。本章系统总结了与本书密切相关的三个方面问题的理论文献，分别是知识源战略、动态能力与创新绩效的内涵与分类，知识源战略与创新绩效关系，以及动态能力与创新绩效关系。最后对前述研究进行了总体述评。

第 3 章利用多案例研究方法和扎根理论探索中国知识密集型服务企业知识源战略、动态能力与创新绩效的影响机制和测量量表。

第 4 章是对中国知识密集型服务企业的知识源战略、动态能力与创新绩效关系进行研究假设并构建多维度研究模型。

第 5 章通过大样本调查数据的统计分析，分别考察：①知识源战略（广度/深度/平衡）与创新绩效（探索式创新/利用式创新）的关系，并进行比较分析；②知识源战略→知感能力/转化能力→创新绩效的中介路径，并进行比较分析；③资本能力在知识源战略与创新绩效关系间的调节作用。

第 6 章为动态演化分析。采用机器学习方法中的 MART 学习模型通过规模样本数据绘制出知识源战略与创新绩效关系的动态演化路径，并对不同维度的动态演化路径进行系统的分析。最后，将通过机器学习方法所发现的研究结论与现存研究结论进行比较分析。

第 7 章为研究结论与展望。本章对全书的主要内容及研究结论进行总结，进一步阐述本书的理论贡献和实践意义，并探讨本书的局限性和不足之处，指明后继的研究方向和展望。

1.6　本书的创新之处

本书在已有理论研究的基础上，对中国知识密集型服务企业的知识源战略、动态能力与创新绩效关系进行深入研究，其创新之处主要体现在以下几个方面：

（1）本书在文献分析和案例研究的基础上，通过扎根理论、质性分析、探索性及验证性因子分析方法构建并验证了中国知识密集型服务企业知识源战略、动态能力与创新绩效关系的扎根模型和测量量表，为今后有关中国企业知识与创新领域的相关实证研究提供可供操作的测量工具。

（2）针对知识源与创新绩效研究领域不同研究结论"相互矛盾"的问题，本书建构并验证了"中国知识密集型服务企业的知识源战略、动态能力与创新绩效关系的多维度关系模型"。研究结论发现：知识源战略（广度、深度和平衡）与创新绩效（探索式创新绩效和利用式创新绩效）的关系在不同维度上存在差异。这一研究结论不仅有助于帮助研究者回答"为什么不同情境下会出现相互矛盾的研究结论"的问题，而且为中国情景下知识与创新的多维度研究视角提供实证依据。

（3）本书将组织动态能力中的感知能力和转化能力作为中介变量、资本能力作为调节变量纳入知识源战略与创新绩效关系的分析过程之中，突破了以往仅探讨知识源与创新两者关系的局限。其研究结论不仅揭示了感知能力、转化能力和资本能力在知识源战略与创新绩效之间不同的中介、调节机制，而且更为探究知识源战略影响创新绩效的作用"黑箱"提供新的研究视角。

（4）以往关于知识源战略与创新绩效的研究大多秉承静态观点，其研究结论的稳定性和系统性难免受到质疑。本书采用机器学习方法中的MART模型模拟知识源战略与创新绩效的动态变化关系发现：知识源战略对创新绩效的影响并非简单的线性关系，而是一个复杂的非线性关系；在不同阶段，知识源战略对企业创新绩效的影响路径和机制不同。其研究结论不仅有助于深入了解知识源战略与创新绩效的动态变化关系，而且为今后知识与创新的动态研究提供可供参考的研究方向。

动态能力视角下知识
源战略对创新绩效的
多维度影响
Chapter 2

第2章 文献综述与变量维度界定

文献综述主要是沿着梳理前人已有的研究成果和阐明研究问题的相关理论两条主线展开，有助于进一步明确研究切入点和研究思路。本章的内容主要包括：①从知识源的内涵和维度等研究视角梳理已有文献和理论，界定本书中知识源战略的内涵和维度；②从动态能力的内涵和维度等方面对相关文献和理论进行回顾，明确本书中动态能力的内涵和维度；③从创新绩效的定义、分类和测量等方面对相关文献进行系统梳理，界定本书中创新绩效的定义和分类；④从知识源与创新绩效关系视角梳理已有研究；⑤从动态能力与创新绩效关系视角梳理已有研究；⑥对以往研究进行述评。

2.1 知识源战略

随着科学技术的迅猛发展和全球化竞争的日益加剧，越来越多的企业意识到高度复杂的创新常常跨越多个科技领域，需要组合各种来源的知识进行快速和持续的开发。通过获取企业内外部技术资源促进创新的相关研究，受到越来越多创新管理学者的关注。

2.1.1 知识源定义的相关研究

通过文献梳理发现，由于以往研究者所关注的研究问题和研究视角的不同，创新知识源的定义大致可以归为三类。

(1) 创新知识源的"领域特质观"。

赞同此类定义的研究者重点关注创新知识的领域特征，主要考察企业创新活动中主要应用的是哪类职能领域的知识。按照"领域特质观"创新知识源具体可以划分为科学知识、技术知识和市场知识。例如，Geiger 和 Makri（2006）认为科学知识是指揭示物理、生物等自然现象和社会现象之间普遍关系的一般理论知识，并不是为了解决特定问题，具有探索性的性质；技术知识指的是可以用来开发产品或服务的理论和实践知识、技能和经验。Marinova（2004）将市场知识定义为用于新产品开发、潜在产品定位等活动所需的关于客户需求、产品偏好、产品定位等知识以及关于竞争对手的知识。Suseno 和 Ratten（2007）将知识分为技术专有知识和市场专有知识两大类，并认为缺少任意类型的知识对于提高企业合作创新的绩效都是不充分的。

（2）创新知识源的"形成途径观"。

此类观点认为，所谓创新知识源是指企业通过自主研发、外部购买、外部合作等系列活动所产生的技术知识，在企业的创新过程中起到毋庸置疑的作用。例如，Cho 和 Yu（2000）通过实证研究证明，当企业在相关的技术领域有着很高的研发经验时，企业倾向于内部研发或是合作开发，反之则会倾向于从外部购买所需要的知识和技术。

（3）创新知识源的"组织类型观"。

在创新研究领域，此类观点是最具代表性和影响力的定义，已经被很多学者所使用。按照创新知识的组织来源，创新知识源可以分为：供应商、用户、竞争对手、研究机构、大学、政府机构、交易会等。其中，最具代表性并被广泛沿用的是 Laursen 和 Salter（2006）的划分方法，将创新知识源分为 16 小类四大类，即市场类知识源、机构类知识源、标准类知识源和其他类知识源。通过相关文献梳理发现，相当多的学者就以下创新知识源的相关问题作了进一步研究，这些创新知识源分别是内部员工、领先用户、领先供应商和研究机构。

在内部员工方面，激发每一位员工的创新积极性，实现全员创新越来越受到国内外理论界和企业界的关注。理论界，越来越多的学者提出不是每个人都能成为发明家，但是人人都可以成为出色的创新源。企业界，如通用电气"群策群力"案例提出企业应鼓励员工提出创造性想法并对员工充分授权使其参与到组织创新的开发和实施中。在我国，也有少数先进企业在促进员工创新方面取得了显著的成效。例如，中国电信上海研究院引入了 IBM 的"创新梦工厂"解决方案，实现了发布创意号召、发表创意、提出创意建议、创意打分、创意评审等在线 IT 功能，以及博客、论坛、社会网络等 Web 2.0 的一些典型应用，鼓励员工积极参与到组织的创新和改进中。

在领先用户方面，很多研究人员都发现，许多重要的创新开始由领先用户提出新产品概念并详细说明自己需要的产品，甚至领先用户已经开发出产品原型。企业与领先用户积极联系能够获取新的技术能力，了解相关技术的发展趋势，扩展技术联系网络，甚至建立起与技术研究机构的联系。领先用户与普通用户的区别在于领先用户的黏着信息比普通用户的黏着信息具有更高的战略价值。因为普通用户对新产品的需求以及可能的解决方案的把握受到实际经验和拥有知识的限制。过分关注现有用户的需求不利于创新，甚至会导致成功企业失败。Chatterji 和 Fabrizio（2014）通过医疗设备公司的面板数据发现，企业在新技术领域和变革式创新中通过与用户合作创新提高产品创新的收益最大。

在领先供应商方面，Hippel（1988）在《技术创新的源泉》一书中提出了"供应商是一种创新的职能源"的思想，供应商作为创新的重要源泉之一，并不打算使用或出售某些创新，而是通过转让或提供这些创新来促进自身产品的销量。企业通过与拥有先进技术诀窍的供应商合作，能够共享市场信息和技术、提高市场适应力以降低市场风险。充分利用供应商的专业知识和技术，让供应商参与到新产品的初期设计和开发中，能够缩短企业的创新周期和提升企业的创新效率。Nishiguchi（1993）提出，供应商与制造商共同研发的最重要原因是获得互补性知识，制造商要求供应商持续创新并保持领先地位，一旦供应商达不到要求，制造商就会采用其他供应商来代替。

在研究机构方面，Laursen 和 Salter（2006）认为大学等高等教育机构和政府研究机构是企业非常重要的创新知识源，即大学和政府研究机构在企业创新中扮演着重要角色。企业通过与大学、科研机构的积极互动，可以获取前沿的科技知识，促进技术创新所需的各种要素有效组合，以取得突破性创新成果。Saxenian（1994）总结硅谷成功的经验时指出，硅谷的成功不是简单聚集了大量的高科技企业，更重要的是企业内部的工程技术人员可以方便地共享大学里的各种信息、交换实验数据和解决方案。通过产学研合作，企业能够获得研究专家的技术支持，了解技术发展的趋势，获取前沿的科技知识，从而促使企业取得突破性的创新成果，向市场推出全新的产品。

2.1.2 知识源测量维度的相关研究

本书中的知识源战略是指组织在有限的资源和能力限制下，为了发现新技术、开发新产品以及寻找新机会，利用不同的知识源获取新想法和知识并整合进入企业内部的一种策略。基于多元理论构建的需要，国内外研究学者从各自理论背景出发，采用不同的分析视角对知识源的测量维度提出了各自的看法。

(1) 从资源基础视角出发。

一些学者提出凡是能够给企业带来创新能力的重要资源，无论是在企业内部还是在企业外部，都要将其纳入企业自身的能力体系之中加以利用。Rothwell 在第五代技术创新过程中提出，创新是多因素作用的过程，需要公司内部和公司外部资源的高度整合。因此企业知识源战略从资源基础视角出发可以划分为内部知识源战略与外部知识源战略，企业内部 R&D 创造知识为内部知识源战略，外部合作创新与获取知识为外部知识源战略。Cohen 和 Levinthal（1989，1990）提出内部 R&D 在产生新知识促进创新的同时能够提高对外部知识的吸收能力，而外部知识源是促进创新成功的关键要素。Rosenberg（1990）也提出基础研究能够增强企业利用外部科技知识的能力，他把基础研究看成是进入信息网络的入场券，对于监视和评估外部技术必不可少，不善于利用外部知识源的企业将处于竞争劣势。King，Covin 和 Hegarty（2003）提出技术创新通常是小公司资源与大公司资源整合的结果，这是因为小公司和大公司都占有典型的互补性资源，这些互补性资源的整合可以促进创新的成功。也有学者进一步细分，按照技术获取模式将知识源战略分为内部研发、研发合作和外部技术购买三类（Arora，1990；Hemmert，2004）。或者按照知识源的股权获取程度分为非股权、多数股权和收购三类（Pena，2002）。在维度测量方面，已有做法采用内部R&D投入经费和外部合作投入经费来衡量企业的内部知识源战略和外部知识源战略，为避免不同变量间的数量级差异对回归分析造成影响，对R&D投入经费进行取自然对数（Ln）的处理（Murovec & Prodan，2009）。也有做法采用企业内部R&D的项目数量来衡量内部知识源战略，采用对外R&D合作项目数量测量其外部知识源战略（Yamakawa，Yang & Lin，2011）。Hsiu–Ling和Ming–Je（2010）采用虚拟变量测量知识源战略，将企业分为有外部合作和无外部合作，有外部合作设为1，无外部合作设为0。

（2）从地域基础视角出发。

一些学者提出在新产品和新技术的开发过程中，可以按照地域的相近性和知识的相似性对知识源进行划分。例如，Nelson和Winter（1982）按照搜索的地域相近性和知识相近性把搜索划分为本地搜索（local search）和远程搜索（distant search），即组织通过使用与现有知识基础密切相关的知识或在现有知识域附近搜索解决方案的活动称为本地搜索，使用与现有知识基础差异化较大的知识或进行探索性远程搜索的活动称为远程搜索。March（1991）根据组织学习是利用既有的知识还是探索新知识把组织学习活动划分为利用式（exploitation）和探索式（exploration），其中，探索式以试验、发现和创新为特征，强调对新技术的尝试；利用式以改进、完善和效率为特征，强调对现有技术的改进。Ahuja和Lampert（2001）按照以往技术经验、新旧程度和与以往技术的相关程度等标准，把企业技术划分为新颖技术、新兴技术和领先技术。Rosenkopf和Nerkar（2001）根据搜索活动是否跨越组织边界（firm boundary spanning）和技术边界（techno-

第 2 章 文献综述与变量维度界定

logical boundary spanning）把搜索划分为四类，即在企业内部对类似或邻近技术进行的本地搜索，在企业内部对异质化技术进行的跨技术搜索，在企业外部对邻近技术进行的邻近技术跨组织搜索和在企业外部对异质性技术进行的激进式搜索。Katila（2002）基于知识的行业属性和新旧程度，通过 131 家机器人公司的纵向数据得出行业内的旧知识阻碍创新，跨行业的旧知识促进创新。在测量维度方面，Ahuja 和 Lampert（2001）根据专利引用的数量将企业技术划分新颖技术、新兴技术和领先技术，其中，新颖技术是指在某一个细分领域里五年内第一次申请的专利；新兴技术通过该项技术所引用的近三年内的专利的平均数来衡量；领先技术是指该项技术的发明没有引用任何现有专利。Rosenkopf 和 Nerkar（2001）将专利作为对探索行为的衡量，并按照领域内技术与领域外技术、组织内技术和组织外技术四个交叉维度对专利进行统计，作为内部非跨界探索、外部非跨界探索、内部跨界探索和外部跨界探索行为的测量依据。

（3）从行为基础视角出发。

一些学者发现知识源的获取方式可以划分为通过正式契约和非正式契约两种类型。企业通过正式协议或契约获取知识源的方式主要有技术许可、并购、合资、合作、购买和联盟等；企业通过非契约获取知识的方式主要有信息搜寻、会议、论坛、社交网络以及员工流动等。Kang 和 Kang（2009）提出外部知识的寻找可以通过非正式网络的信息传递、研发合作和技术购买三种方式，其中后两种为正式知识获取方式；并于 2014 年发表了研发合作、技术购买和信息获取三种不同外部知识获取模式对服务创新的不同影响。West 和 Bogers（2014）从开放式创新的角度提出如何通过正式和非正式方式利用外部创新源。Breschi 和 Malerba（2001）提出企业通过与用户和供应商之间的沟通交流、企业间员工流动、新企业衍生以及与高校及公共研究机构互动等非正式方式获取知识和信息。Chen（2009）在机床行业的案例研究中，提出非正式学习机制包括与当地用户、供应商和研究机构的非正式的、个体层面的沟通，以及参加国际展销会、使用国外经销商和与国外企业的合作，它们对于中低技术产业及追随者集群获取外部知识起到了重要的作用。

（4）从知识基础视角出发。

一些学者提出了知识的广度和深度的二维概念，把知识来源的划分从一维拓展到了二维。强调企业获取知识不仅仅局限于获取的范围（内部或外部，本地或远程，正式或非正式），即知识的广度；还在于获取的程度，即知识的深度。知识源广度和深度概念的核心在于企业所使用的知识来源多种多样，如内部员工、用户、供应商、大学和研究机构等，因此企业需要分配资源对知识源进行组合管理，即利用哪些知识源以及利用的程度。知识源广度是指企业在创新活动中所采用的知识源的数量，知识源深度是指企业利用知识源的程度和频率。Laursen和Salter（2006）指出企业在技术创新过程中与外部组织合作的个数可以衡量开放的广度；企业在技术创新过程中与外部知识源合作的频率或利用外部知识源的程度可以衡量开放的深度。Zhou和Li（2012）指出知识广度和深度是知识基础的两个不同维度，揭示了一个公司所拥有的知识结构和内容；其中，知识广度是指一个公司的知识存储库所包含的多个独特领域的程度，知识深度是指一个公司在关键领域所拥有的知识的复杂度和复杂性。Moorthy和Polley（2010）提出技术知识的广度和深度的概念，并认为技术知识的广度和深度比整体知识库更有利于预测企业的绩效表现。在创新搜索领域，Katila和Ahuja（2002）率先提出广度和深度的概念，他们认为搜索深度代表企业在搜索解决方案时对现有知识被重复利用或挖掘的程度，某些企业可能重复使用一些他们现有的知识而有些企业可能仅使用一次这些知识，因此企业不仅仅在本地和远程搜索一个维度上进行平衡，而且还必须选择搜索深度。在知识源二维概念的基础上，一些学者提出将知识二维概念与知识获取模式相结合进行研究。例如，Nicholls-Nixon和Woo（2003）按照技术获取方式（研发合同、技术许可、并购、合资和少数股权）的种类以及每种方式使用的数量来界定技术获取的广度和深度。Aschhoff 和 Sofka（2009）以来源于大学和研究院等的科学知识为研究对象，按照知识获取模式，如共同开发、研发外包、技术购买或许可、员工培训和非正式联系等来界定知识的广度和深度。

2.1.3 知识源战略变量的维度界定

通过以上文献梳理，本书发现已有的关于知识广度和深度的研究，主要是从企业内部或外部来界定其内涵。就企业内部知识而言，已有研究从企业内部新旧知识类型（Katila & Ahuja，2002）或创新目标方面（Leiponen & Helfat，2010）对知识广度和深度进行研究；就企业外部知识的广度和深度，现有研究则主要体现在知识源类型（Laursen & Salter，2006）或知识获取模式（Aschhoff & Sofka，2009）两类。

综合以上分析，本书在已有研究的基础上，提出了既包括企业内部知识源又包括企业外部知识源的知识源战略，并以此为基础进行知识源广度、深度以及平衡的分析。

2.2 动态能力

2.2.1 动态能力内涵的相关研究

自 Teece 和 Pisano（1998）在《企业动态能力》中提出"动态能力"概念以来，不同学科专业的学者依据自身专业，多角度地对动态能力的概念和内涵进行界定与描述（详见表 2.1）。其中具有影响力的代表人物是 Teece，其协同其他学者在《战略管理杂志》（1997）

上发表的文章《动态能力与战略管理》中将动态能力定义为：为适应快速变革的外部环境，企业整合、建立和重组内部和外部组织技能、资源和职能的能力；并提出动态能力包含三个关键因素：组织与管理流程（process）、资源位势（position）和路径（path），即动态能力内嵌于组织内部各种流程中，由企业的资产位势和历史演化路径所决定。随后，Teece在《动态能力：企业可持续绩效的本质及微观基础》一文中详细阐述了对动态能力更为系统和深刻的认识，将"流程、位势、路径"确定为动态能力的微观基础，而重新定义了动态能力的三个过程性的能力要素：感知机会与威胁的能力、把握机会能力、对企业的有形和无形资产进行重新配置的能力。在当今技术快速变化的背景下，Teece等人于2012年进一步提出了动态能力理论框架，强调了组织能力和战略管理能力使企业获得竞争优势，并为了维持这种优势进行持续的能力演进。

表 2.1　　　　　　　　　动态能力的代表性定义

研究者	年代	主要定义
Teece, Pisano & Shuen	1997	动态能力是企业为应对外部环境快速变化而构建、整合或重构内外部能力的能力
Delmas	2002	动态能力指组织利用管理上的能力，有效地协调、重新配置内部和外部的竞争力，在短时间内反应市场的改变
Zahra & George	2002	动态能力在本质上是一种能使企业通过重新配置和整合自己的资源来应对不断发展的顾客需求和竞争对手的变革导向型能力
Zollo & Winter	2002	动态能力为一种集体活动的学习模式，为了实现提高效率的目标，该组织系统地生成并修改其运营惯例
Zott	2003	动态能力是嵌入于组织流程中的惯例，并指导企业资源重构和运营惯例的进化过程
Pavlou & Sawy	2006	动态能力是企业为了适应环境变化而重构自身一般职能的能力
Helfat et al.	2007	动态能力是一个组织有目的地创建、扩展或改变其资源基础

续表

研究者	年代	主要定义
Døving & Gooderham	2008	动态能力是实现新的资源配置的、可见的、已知的和管理上蓄意的持久的惯例、系统和流程
Barreto	2010	企业系统解决问题的潜力，由感知机会与威胁、做出适时和以市场为导向的决策、改变企业资源基础三个部分构成
董俊武、黄江圳和陈震红	2004	动态能力是企业保持或改变其作为竞争优势基础的能力。这种能力的背后是知识，能力可以被视为企业知识集合，能力改变的过程就是企业知识重构和更新的过程

资料来源：本书整理所得。

综合已有的这些研究，本书认为动态能力定义大致可以归纳为以下四类：第一类定义关注动态能力的资源基础，认为动态能力是指通过动态资源匹配而实现优化资源组合。例如，Eisenhardt 和 Martin（2000）认为动态能力是企业为了应对环境的变化，整合、重新配置、获取和释放资源的过程；Helfat 等（2007）提出动态能力是一个组织有目的地创建、扩展或改变其资源基础。第二类定义关注动态能力的能力基础，将其视为更新企业能力的能力。例如，Teece 在《动态能力：企业可持续绩效的本质及微观基础》一文中重新定义了动态能力的三个过程性的能力要素：感知机会与威胁的能力、把握机会能力、对企业的有形和无形资产进行重新配置的能力；Zahra, Sapienza 和 Davidsson（2006）提出动态能力是以战略变革和与环境相匹配为导向的，在概念上可以分解为三种具体的企业能力：感知和塑造机会能力、机会把握能力、重新调配和部署资源基础的能力；国内学者李大元等（2009）将动态能力的这三个维度概括为机会感知、机会把握、战略重构，并且以此为基础结合相关的研究成果，提出了符合我国情境的动态能力三维度"组织意会、柔性决策、动态执行"能力。第三类定义关注动态能力的惯例基础，将其视为镶嵌于组织流程中的惯例。例如，Zott（2003）认为动态能力是嵌入于组织流程中的惯例，并指导企业资源重构和运营惯例的进化过程；Eisenhardt 和

Martin（2000）将动态能力定义为企业整合、重构、获得和释放资源的流程，使企业与市场变化相匹配，甚至创造市场变化。第四类定义关注动态能力的知识基础。例如，Zollo 和 Winter（2002）将动态能力定义为一种集体活动的学习模式，为了实现提高效率的目标，该组织系统地生成并修改其运营惯例；董俊武、黄江圳和陈震红（2004）认为动态能力形成的过程实际上是组织进行知识学习的过程，动态能力之所以能够成为改变企业基础能力的能力，是因为获取了适应环境变化的知识，并以此为基础构建了新的知识结构。

2.2.2 动态能力测量维度的相关研究

通过对已有研究的回顾，本书发现关于动态能力的维度在学术界并没有一定的定论，不同学者对动态能力维度提出了不同的观点。

Teece 等（1997）明确提出动态能力的三个维度为流程、位势、路径。在此基础上，Teece（2007）将这三个维度定义为动态能力的微观基础，并根据资源利用过程对动态能力进行划分，成为迄今为止较为权威的一种划分方法。该种划分方法认为动态能力的三个过程性的能力要素分别是：感知机会与威胁的能力、把握机会能力、对企业的有形和无形资产进行重新配置的能力。

Zahra 和 George（2002）从信息管理领域视角研究动态能力问题，认为动态能力在本质上是以变化为导向的能力，帮助企业重新部署和配置资源基础，以应对不断变化的顾客需求和竞争对手的策略。并提出以变化为导向的动态能力实际上是一种吸收能力（absorptive capacity），它包括获取、消化、转换和开发能力。惯例和程序是这些能力的构成基础，并与这些能力结合在一起，使企业在动态的市场环境中产生变革，给企业带来亟须的战略柔性。

Protogerou，Caloghirou 和 Lioukas（2012）提出动态能力除了包含资源整合之外，还应该包括学习和针对环境变化的反应，使动态能力的包含要素更加全面，界定了动态能力的三个核心要素：协调/整合过程、学习过程、战略竞争响应过程。这三个过程共同促进了运营能力的重构。

Kwon（2013）在总结了前人对动态能力的研究成果的基础上，将动态能力的构成与动态能力的作用结合。通过对高科技企业的动态能力进行研究，认为高科技企业培养动态能力是当务之急，并提出了动态能力的三个维度：环境感应、创新反应、资源更新。

此外，国内的一些学者对动态能力的分析框架也做了一些有益的探索。其中，最具有代表性的是贺小刚、李新春和方海鹰（2006）通过对中国企业的实证研究，将动态能力的维度划分为市场潜力、组织柔性、组织学习、组织变革和战略隔绝五个方面。他们认为这种划分比较符合中国的实际情境，并且通过实证研究显示，动态能力对企业绩效的影响中不同维度的作用存在一定差异。

葛宝山和董保宝（2009）在 Teece 等（1997）和 Zott（2003）的研究基础上实证研究表明，动态能力可以划分为资源整合能力、资源再配置能力、学习能力、适应能力和创新能力五个维度。

黄俊等（2010）借鉴 Teece 等（1997，2007）的研究，利用中国汽车行业数据进行研究，证实动态能力的三个维度为整合能力、学习能力和重构能力。

2.2.3 动态能力变量的维度界定

基于以往对动态能力维度划分的研究，以及结合本书的研究目的是探讨知识与创新之间的关系，本书将企业动态能力划分为以下三个维度，如表 2.2 所示。

感知能力是企业感觉环境和市场的变化、识别机遇和威胁的能力，反映企业对环境变化的敏感程度。对于知识密集型服务企业，准确识别市场需求变动趋势和经营环境变动，有利于它们及时做出调整，

表 2.2　　　　　　　　动态能力的维度

维度	含义	依据
感知能力	识别环境和市场变化、感知机会和威胁的能力	Pavlou & Sawy, 2006; Teece, 2007; 焦豪和崔瑜, 2008
转化能力	对自身的知识集和信息集及时进行更新的能力	Sanchez & Heene, 1997; Zahra, Sapienza & Davidsson, 2006; 焦豪和崔瑜, 2008
资本能力	对现有资源进行重新配置、以应对市场变化的能力	Teece, Pisano & Shuen, 1997; Eisenhardt & Martin, 2000; Helfat et al., 2007

资料来源：本书整理所得。

进行产品更新或经营策略创新。转化能力是企业对知识和信息的应用更新的能力，体现为对技术环境变化的应变程度。知识密集型服务企业根据预测到的环境变化趋势，以其特有的灵活性和创新精神，及时更新自身的知识能力集，以应对快速变化的市场竞争。资本能力指的是企业对现有资源进行重新配置的能力，以重构企业能力、应对市场变化的能力。这三个维度共同发挥作用，具备较强的感知能力的企业，根据捕获到的市场机会，通过转化能力，快速进行知识能力集的更新，其后进行资源的重新配置与整合，最终将创造符合市场变化趋势的新价值，使企业在动态的环境中获得成长。

2.3　创新绩效

2.3.1　创新绩效概念的相关研究

创新绩效反映了企业完成创新活动所实现的产出，是对创新的综合评价。近年来，国内外理论界对创新绩效进行了大量的相关研究，由于学者所关注的研究问题、研究视角以及研究方法的不同，使创新绩效的概念尚未形成统一。通过文献梳理发现，创新绩效的概念大致可以归为广义概念和狭义概念两类。

（1）广义的创新绩效概念。广义的创新绩效包括从概念的生成，到研究、发展、试制、生产制造以及商业化的全过程中，既关注技术创新的一面，也关注商业化的一面。例如，Schumpeter（1934）指出创新涵盖在组织生产经营和管理的各个方面，由创造新产品、引入新工艺、开辟新市场、寻找新材料和建立新模式五种现象组成。通常采用研发经费投入、专利数量、新产品发布数量以及组织管理制度和流程改进等多种指标度量。

（2）狭义的创新绩效概念。狭义的创新绩效主要考察企业将发明创造导入市场的程度，如新产品、新工艺或新设备推出的速度，因而衡量时多采用新产品开发的速度、新产品推向市场的数量，或者新产品的销售总额占整个销售总额的比重来测量（Hagedoorn & Cloodt, 2003）。

2.3.2 创新绩效测量维度的相关研究

在实际研究中，由于创新的表现形式多种多样，导致学者们从各自不同的研究视角对创新绩效进行分类。其中，比较典型的观点认为创新绩效由产品创新绩效和工艺创新绩效相结合组成，对于创新的测量应从产品和过程两个方面入手，也可以说是双元的观点。目前，越来越多的学者采用多元的观点对创新绩效进行划分，也就是除了考虑技术创新绩效外，同时还将管理创新绩效纳入其中，对创新绩效采用更为全面的衡量指标，既包括产品、流程、市场等技术方面的成果，也包括服务、战略、组织、制度等方面的变革。

对于企业创新绩效的测评，从国内外研究与实践来看，通常采用R&D 投入、专利数量、专利引用或新产品发布等定量指标，或者更细化的以问卷调查为基础的测评方法，但目前的研究尚未对如何测度企业创新绩效提出一套被广泛认可的指标体系。通过相关文献梳理，本书将创新绩效的测量分为以下四个维度，即创新与学习维度、财务维度、内部运营维度和客户维度。

(1) 创新与学习维度。

创新与学习维度的指标是运用的最为广泛的对创新绩效进行测量的指标。它主要包括专利数量、新发现数量、专利被引用数量、发表文献指数、创新水平、员工成长等。例如，Bilderbeek 和 Kerssens-van Ngelen (1999) 将专利数量、新发现数量和创新水平等纳入其创新绩效评价指标体系。

(2) 财务维度。

财务维度的测量指标主要包括 IRR/ROI、新产品销售收入与销售比率、新产品市场份额与占有率、技术成果转让情况、直接投资强度、自我融资强度等。例如，李璟琰和焦豪 (2008) 将新产品和新市场的开发数量、新业务数量比例、新业务销售收入比重纳入其评价指标体系。

(3) 内部运营维度。

内部运营维度的测量指标主要包括成本变化率、劳动生产率变化率、入市速度、技术重复使用率、产出可靠性和数量、创新工艺数量、创新对就业与环境的贡献、管理水平（组织架构、流程优化、战略调整）、潜在绩效等指标。比较典型的代表是陈劲和陈钰芬 (2006) 提出的产出绩效和过程绩效的评价指标体系。该指标体系的构成为：产品创新指标体系（创新产出绩效指标包括经济效益、直接技术效益和技术积累效益指标，创新过程绩效指标包括管理水平和潜在绩效指标）；工艺创新指标体系（创新产出绩效指标包括经济效益、直接技术效益、技术积累效益、社会效益，创新过程绩效指标包括管理水平和潜在绩效指标）。其中，创新过程绩效指标反映的主要是内部运营维度。

(4) 客户维度。

客户维度的评价指标主要包括客户化定制产品或服务、客户满意度、市场反应、专业认可、客户联系、股东价值情况等。例如，Lin 和 Chen（2005）在其提出的五大指标体系中特别提出了 Tobin's Q（股东价值情况）作为其中一项衡量指标；Nonaka 和 Toyama（2005）在其提出的创新绩效的四个衡量维度中特别指出产品创新包括对客户需求的掌握程度，组织创新包括销售、维护、服务、品牌以及管理销售渠道的经验与能力。

纵观已有研究不难发现，由于单一测量维度的指标存在很大的局限性，越来越多的学者采用多个维度的多个指标来构建创新绩效的指标体系，以期对其进行更加全面的测量。例如，Walker（2006）提出创新绩效指标应该包含产品创新绩效、流程创新绩效以及附属创新绩效三个维度，其中，产品创新绩效是指提供新产品或者新服务，流程创新绩效包括技术创新绩效和管理创新绩效，附属创新则是指创新所产生的社会效益指标；陈钰芬和陈劲（2008）在其《开放式创新：机理与模式》研究中采用年新产品数、新产品销售率、新产品开发速度、新产品开发成本、创新项目成功率、专利申请数、主持或参与制定行业标准数的多项指标主观评价法对创新绩效进行测量。

2.3.3 创新绩效变量的维度界定

考虑到我国知识密集型服务企业的现实情况，能够查找到的公开发表的或可利用的企业经营数据资料或信息很少，关于企业的创新产出、研发投入、创新销售额的公开数据非常难以获取。因此，本书选取问卷调查方式，以主观填答的方式，相对测量知识密集型服务企业的创新绩效。

自从 March（1991）最先从组织学习的角度提出 exploration 与 exploitation 的定义后，一些研究把 exploration 和 exploitation 与创新结果直接联系起来（Dowell & Swaminathan，2006；Jansen，Van Den Bosch & Volberda，2006；Greve，2007），即探索式创新绩效和利用式创新绩

效。并且不同学者基于不同的视角提出了对其进行衡量的指标。基于技术创新的视角，Greve（2007）用开发"对企业全新"的新技术的创新数量衡量探索式创新绩效，其他类型的创新活动则归类于利用式创新绩效；Medcof 和 Song（2013）将探索式创新定义为搜索和采用对企业来说全新的技术，利用式创新定义为使用已经被企业掌握了的技术。基于技术和市场的视角，Bierly 和 Daly（2007）提出探索式创新是指实验有突破性的新观念或做事情的新方法，利用式创新是提炼和发挥现有知识作用，以及当前实践效率的活动；Danneels（2002，2007）认为探索式创新是指开放新技术用以服务新客户，利用式创新是指强化现有技术服务于当前客户。鉴于以上研究，本书将企业创新绩效划分为探索式创新绩效和利用式创新绩效，并借鉴 Benner 和 Tushman（2003）的观点，定义探索式创新绩效为依靠当前知识或者脱离既有知识来进行新产品设计、新市场开发、新流程应用和新生产方式的发现，利用式创新绩效为对已形成的知识进行复制、提炼、推广和实施到相关的经营领域，从而改善组织的既有技能、过程和结构。

2.4 知识源战略、动态能力与创新绩效关系研究

2.4.1 知识源战略提升创新绩效的相关研究

通过国内外知识源的相关综述发现，由于目前对于知识源的概念、内涵以及维度划分并没有形成一致的结论，因而知识源与创新绩效关系的相关研究也呈现多元化的态势。本书在研究过程中尽可能全面地综述了知识源与创新绩效关系的典型研究文献，以期对知识源维度划分和与创新绩效的关系进行较为全面的归纳和阐述（详见表 2.3）。

表2.3　　　　　　　　知识源与创新绩效关系研究

研究者	知识源维度	主要观点
Veugelers（1997）	研发合作、技术许可、技术购买、合资合作等	研究发现研发合同和技术许可数量会正向影响企业的技术声誉，技术购买数量对生物技术产品数存在正向影响，而合资数量对专利数具有显著的负向影响
Hippel（1988）	用户、供应商、制造商等	通过调查研究发现：企业的创新来源，在有些行业中主要是用户，在有些行业中则主要是供应商，而在另一些领域中为制造商。并在此基础上提出了创新功能源的概念
Katila & Ahuja（2002）	搜索深度、搜索宽度	利用全球机器人行业专利数据发现搜索深度与新产品创新呈倒"U"形曲线关系；搜索宽度对新产品创新有正向影响；搜索深度与搜索宽度对新产品创新存在正向交互作用
Nerkar（2003）	利用式搜索、探索性搜索；新、旧知识	通过专利引用分析后发现对最近知识的利用式搜索对创新影响力具有正向线性的影响，而跨时间的探索性搜索对创新影响力具有正向的"U"形影响
Fleming & Sorenson（2004）	知识源的数量与渠道	提出企业拥有的知识源的数量和渠道越多，它重组和整合各种知识的机会就越多，这将极大地推动新产品的研发
Phene, Fladmoe-Lindquist & Marsh（2006）	地理起源：本国知识与国外知识；技术空间：技术遥远领域知识与技术相关领域知识	采用生物技术行业的专利数据分析来自不同技术领域和不同国家的技术知识对突破性创新的不同影响作用。研究发现来自本国且技术领域遥远的知识与突破性创新呈倒"U"形的曲线关系，来自国外且相关技术领域的知识对突破性创新具有正向影响，同时对国外且技术领域遥远知识进行搜索对突破性创新不具有显著影响
Nieto & Santamaría（2007）	供应商、用户、竞争者和研究机构等	研究发现与供应商、用户和研究机构以合作方式获取知识有利于创新新颖度，但与竞争者合作会负向影响创新新颖度；另外，同时与多个类型的知识源进行合作会对企业创新新颖度产生最大的正向影响
Kang & Kang（2009）	网络信息获取、技术购买、研发合作等	研究发现非正式网络信息获取和技术购买对技术创新绩效具有正向影响，研发合作与创新绩效之间存在倒"U"形关系
Aschhoff & Sofka（2009）	合作深度、合作宽度	研究发现大学合作深度和大学合作宽度对创新绩效均具有正向影响，但是两者存在相互替代的关系，即同时以深度和宽度方式与大学合作不利于企业创新

续表

研究者	知识源维度	主要观点
Chiang & Hung (2010)	外部搜索深度、外部搜索宽度	研究发现外部深度搜索是一种利用式学习，与少量外部渠道保持高频率的强联系，只会给企业带来渐进性创新；而外部宽度搜索是一种探索性学习，能接触到大量的、异质性的技术知识和解决方案，因此有利于突破性创新
Parida, Westerberg & Frishammar (2012)	技术侦查、技术合作、技术购买等	研究发现不同类型创新搜索模式对于突破性创新和渐进性创新的影响是存在差异的。具体而言，技术侦查、垂直技术合作和技术购买有利于突破性创新；而技术侦查、水平技术合作和技术购买有利于渐进性创新
Köhler, Sofka & Grimpe (2012)	科学驱动搜索、供应商驱动搜索和市场驱动搜索等	认为不能忽视不同知识源之间的差异性，而把创新搜索按照知识类型分为科学驱动搜索、供应商驱动搜索和市场驱动搜索三类。发现科学驱动搜索和供应商驱动搜索更有助于创新型产品的推出，而市场驱动搜索则因过分强调顾客的短期需求，对模仿型或渐进性产品具有正向影响作用
陈劲、童亮和徐忠辉（2003）	制造商、运营商、供应商和用户等	以移动电话为例进行研究，认为移动电话的创新源主要是制造商与领先用户的合作。制造商与领先用户合作能够帮助企业进行渐进性创新；制造商与运营商合作能够帮助企业进行突破性创新
郭国庆和吴剑峰（2007）	技术探索强度、知识库的深度与宽度	通过电子医疗设备行业的专利数据分析了企业技术探索与创新绩效之间的关系，发现技术探索强度会显著地、正向地影响创新绩效；同时，现有知识库（知识深度和知识宽度）会调节技术探索和创新绩效两者之间的影响作用
陈钰芬和陈劲（2009）	用户、供应商、竞争者、非相关企业、大学、研究机构、技术中介组织、知识产权机构、风险投资企业和政府等外部知识源	认为开放式创新应该吸纳更多的外部资源，寻求更多的外部合作机会，其中领先用户和供应商是企业技术创新的重要参与者。并通过实证论证了企业正是因为与外部创新源的合作，通过获取市场资源、技术资源和生产制造能力来影响企业的创新绩效

资料来源：本书整理所得。

2.4.2 动态能力与创新绩效关系的研究进展

本书拟从动态能力的划分维度与创新绩效关系的视角对已有文献进行归纳和阐述，详见表2.4。

第 2 章 文献综述与变量维度界定

表 2.4　　　　　　　　动态能力与创新绩效关系研究

研究者	动态能力维度	主要观点
Zott（2003）	资源配置时机、成本、学习	通过计算机仿真发现动态能力的资源配置时机、成本和学习显著影响产业内企业之间的绩效差异
Marsh & Stock（2006）	知识保留、知识编译、知识整合	知识保留、知识编译和知识整合对新产品开发绩效有正向影响效应
Wu（2006）	动态能力的中介作用	在不稳定的环境下，企业资源不直接影响企业绩效，而是通过动态能力产生中介作用
Teece（2007）	组织能力、战略管理能力	进一步提出了动态能力理论框架，强调了组织能力和战略管理能力使企业获得竞争优势，并为了维持这种优势进行持续的能力演进
Herrmann, Gassmann & Eisert（2007）	转换能力	验证结论显示组织的转换能力对激进创新有着显著的正影响，而组织的固有特征（资源，战略导向及风险倾向）必须通过组织的转换能力才会对激进创新起到间接的正效应
Liao, Kickul & Ma（2009）	动态能力的中介作用	动态能力在资源储存和创新之间起到中介作用
Macher & Mowery（2009）	组织流程、管理流程以及信息技术的应用	证实了企业的组织流程、管理流程以及信息技术的应用对提高企业流程创新的绩效有积极影响
Wu（2010）	整合能力、学习能力与重构能力	动态能力的不同维度（整合能力、学习能力和重构能力）均显著正向影响企业在高度不确定环境中的竞争优势
Drnevich & Kriauciunas（2011）	对比分析企业常规能力与动态能力	动态能力对项目层次绩效有显著的正向影响，对企业层次绩效有显著的负向影响；环境动态性则正向调节动态能力与企业层次绩效之间的关系
魏泽龙，弋亚群和李垣（2008）	未区分	构建了企业动态能力对不同创新类型的影响模型，理论上阐述了动态能力对应用性创新和探索性创新均有正效应，而且环境动态性越高，动态能力对探索性创新的正向影响会越显著
张东红和蒋勤峰（2008）	吸收能力、整合能力、创新能力	在理论层面阐述了吸收能力、整合能力和创新能力三个动态维度对组织内部创新机制的影响机理

续表

研究者	动态能力维度	主要观点
杨水利等（2009）	需求预测能力、技术创新能力、柔性制造能力、资源整合能力	动态能力作为解释组织学习和企业绩效间关系的中介变量。证实制造业企业组织学习对动态能力影响显著且动态能力对企业绩效影响显著，组织学习对企业绩效直接影响较弱，动态能力中介作用明显
张韬（2010）	动态能力作为中介变量	指出动态能力是将企业资源转变为竞争优势的重要媒介，研究中探讨了市场导向文化、动态能力和企业组织绩效的关系模型，通过论述进一步发现动态能力是市场导向文化对企业绩效影响的重要中介变量
董保宝，葛宝山和王侃（2011）	环境适应能力、组织变革能力、资源整合能力、学习能力、战略隔绝	动态能力在企业的外部资源获取过程与竞争优势的关系中起到了完全中介作用，而它在企业的资源配用过程与竞争优势的关系中起到了部分中介作用
刘井建（2011）	未区分	创业学习、动态能力对新创企业绩效的作用显著，其效力程度与解释均要高于成熟企业，环境动态性对这一关系具有调节作用
董保宝等（2012）	动态能力的中介作用	动态能力在网络强度、网络密度与竞争优势之间起到完全中介作用，在网络中心度与竞争优势之间起到部分中介作用
张钢和王宇峰（2012）	感知能力、把握能力和重构能力	动态能力是企业创新活动的能力基础，而组织模块性和知识基础分别是企业动态能力的结构基础和认知基础，动态能力在组织模块性和创新绩效、知识基础和创新绩效之间具有中介作用

资料来源：本书整理所得。

综合以上对国内外文献的回顾可以看出，学术界对于动态能力影响企业创新绩效这一论点已经达成了较为一致的认识。其中，在研究动态能力对创新绩效的直接作用时，能够对动态能力的维度进行划分和进一步实证研究。但还鲜有学者在动态能力作为中介变量时，将其维度进行划分以期对动态能力影响企业创新绩效这一过程机制进行更加详细的分析与实证检验。有鉴于此，结合当今我国经济转型的发展背景，本书将对动态能力展开本土化研究，并将动态能力的维度进一步划分以进行多重中介与调节效应分析。

第2章 文献综述与变量维度界定

2.5 以往研究述评

2.5.1 以往研究取得的进展

知识源战略、动态能力与创新绩效理论是本书所关注的重点。通过本章对相关领域研究文献的系统回顾发现，这三个领域已经取得了一定的研究进展，为本书理论模型的构建提供了较为扎实的文献基础。在这些领域中，与本书相关的研究进展主要体现在以下四个方面。

（1）已经存在几种较为成熟的知识源维度研究框架，为考察知识源战略与创新绩效的关系研究提供了前提条件。目前关于知识源维度的研究框架主要包括：按照"领域特质观"提出的知识源可划分为科学知识、技术知识和市场知识；按照创新"形成途径观"提出的知识源可划分为自主研发、外部购买、外部合作等系列活动所产生的技术知识；按照"组织类型观"提出的知识源可划分为供应商、用户、竞争对手、研究机构、大学、政府机构、交易会等。

（2）在知识源与创新绩效关系研究领域，也取得了一定的研究成果。近十年来，一些学者从知识源的研究视角出发，考察了内部知识源与外部知识源、本地知识搜索与远程知识搜索、正式契约知识源与非正式契约知识源、知识源广度与知识源深度等知识源结构变量对企业创新绩效的影响。这些研究形成了较为完整的知识源与创新绩效关系研究的理论框架。

（3）有关动态能力对创新绩效的影响，开始受到部分学者的关注。不同学者对动态能力维度提出了不同的观点。其中影响力较大的是Teece等（1997）提出的动态能力三维度：流程、位势、路径，以及Teece（2007）提出的动态能力三要素：感知机会与威胁的能力、把握机会能力、对企业的有形和无形资产进行重新配置的能力。这些成果为进一步研究提升企业创新绩效的过程"黑箱"提供了理论基础。

（4）对于创新绩效的评价，国内外已有大量的相关研究。在实际研究中，由于创新的表现形式多种多样，导致学者从各自不同的研究视角对创新绩效进行测评。其中，比较典型的观点认为创新绩效由产品创新绩效和工艺创新绩效相结合组成，对于创新的测量应从产品和过程两个方面入手，也可以说是双元的观点。目前，越来越多的学者采用多元的观点对创新绩效进行测评，也就是除了考虑技术创新绩效外，同时还将管理创新绩效纳入其中，对创新绩效采用更为全面的衡量指标，既包括产品、流程、市场等技术方面的成果，也包括服务、战略、组织、制度等方面的变革。

2.5.2　以往研究存在的不足

关于知识源战略、动态能力与创新绩效的已有研究成果在提供未来研究依据的同时，也遗漏了一些未涉及的"盲点"，需要后继研究进行补充。

（1）知识源战略影响企业创新绩效的中介、调节机制研究不足，绝大多数研究仅考察了知识源对创新绩效的直接作用，未将中介、调节机制纳入其中。这样的研究趋势导致研究者对中介及调节要素的关注不足，并影响了他们对知识源战略影响创新绩效过程"黑箱"的深入研究。同时，认知学习领域的研究表明，组织的动态能力来源于组织的不断学习，而组织学习的方式主要是内外部知识源获取，因此动态能力很可能是知识源战略与创新绩效关系之间的中间要素。

（2）关于知识源对创新绩效的影响，以往绝大多数文献仅从单一维度研究创新绩效，没有意识到知识源战略与创新绩效关系的各维度因素之间的复杂性和交互性。由于知识源战略和创新绩效都具有多

第 2 章 文献综述与变量维度界定

维度划分的特征,这就要求研究者必须构建多维度的研究模型,进而理清不同维度的研究变量之间的多维度影响。

(3)关于中国知识密集型服务企业的实证研究较少,尤其是有关知识源战略、动态能力与创新绩效关系的研究更为缺乏。既缺少能体现知识源战略、动态能力与创新绩效的整体维度框架,又缺少具有实际可操作性的测量量表。这样的研究现状也是导致知识源、动态能力与创新绩效关系的本土研究较为零散的直接原因。

(4)以往绝大多数研究都是基于静态研究视角,构建创新绩效及其相关要素的静态关系模型,缺少动态研究设计。通过文献分析发现在考察知识源战略与创新绩效的过程中,静态研究视角仅能验证两者之间是否存在相关关系,并不能深入考察其在相互作用的不同阶段的因果关系和动态规律。

动态能力视角下知识
源战略对创新绩效的
多维度影响
Chapter 3

第3章 动态能力视角下知识
源战略对创新绩效的
影响机制探索

通过文献梳理，本书发现知识密集型服务企业的知识源战略、动态能力与创新绩效的关系研究由于横跨了知识管理、组织行为和技术创新三大研究领域，因此是一个较为崭新的研究课题，有着进一步深入研究的必要，尤其需要实证研究的支持。模型构建是实证研究的前提，本章将通过案例研究与扎根理论研究相结合的方法，通过对多个知识密集型服务企业相关质性资料的收集分析，构建知识源战略、动态能力与创新绩效关系的总体研究框架。

3.1 研究方法

3.1.1 案例研究方法

案例研究是一种通过依据企业现象收集资料、编写案例和分析案例，最终构建管理理论和改进理论的重要研究方法。案例研究可以分为三种类型，即描述性案例研究、解释性案例研究和探索性案例研究（Eisenhardt，1989）。描述性案例研究主要按照时间序列展开记述；解释性案例主要强调问题的逻辑关系；探索性案例主要采用新的视角来探索某种复杂现象。其中，探索性案例研究由于不需要明确的理论假设，只需要构建大致的分析框架，因此更适合开拓性的研究（Yin，1994）。关于采用单个案例还是多案例研究的问题，Yin（2003）进一步指出，相比从单一案例得出的结论，多案例的研究结论更具有说服力，也在一定程度上提升了研究结果的可推广性与适用性，能够克服单案例研究外部效度较低的问题。案例研究的资料可以从不同的渠道获得，其收集方法主要包括正式报告、演示资料、档案记录、访谈资料、问卷调查、直接观察、参与观察等（Weick，1984）。在案例研究中，研究者所选"案例"并不是"样本"，前者强调的是"质"的概念，而后者强调的是"量"的概念。因此，案

第3章 动态能力视角下知识源战略对创新绩效的影响机制探索

例资料的收集应该采用多种渠道相结合的方法,通过深入现场的观察调研、充分的访谈沟通以及大量文件资料的整理分析,以保证所选"案例"的"质"和"量"。

3.1.2 扎根理论方法

扎根理论最早由 Glaser 和 Strauss 两位社会学家提出,它是一种有效根植于定性资料的研究范式,经由整合性的资料收集、发掘性的现象归纳,逐步性地提升概念及抽象其关系层次,最终发展成为理论。其中,资料收集与分析的过程是扎根理论方法的核心,该过程既包括逻辑演绎又包括理论归纳。因此,资料的收集与分析是同时发生、同时进行、循环上升的过程,其资料收集方法与其他定性方法相同,而资料分析则要求更加严格(Bowen, Rostami & Steel, 2010)。由于扎根理论对资料的依赖性,导致其与案例研究方法得以紧密联系。根据 Glaser 等提出的质化研究路线,扎根理论研究方法主要涉及界定现象、问题探讨、资料收集与分析、建构理论与结论阐释等步骤,关键技术工具包括开放性译码、主轴译码和选择性译码三种,如图 3.1 所示。

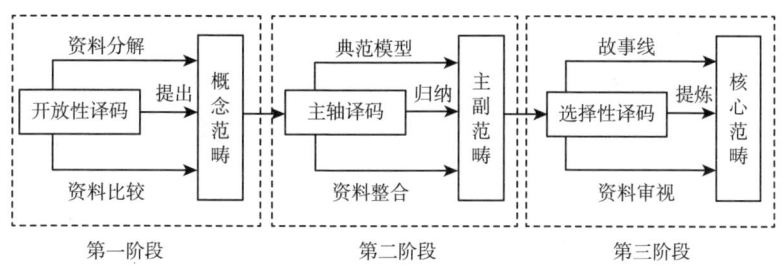

图 3.1 扎根理论的分析框架及关键工具

3.1.3 案例选定与资料收集

在进行案例研究时,研究者首先面临的是"如何选取案例"和

"确定案例数量"的问题。案例的选取应当遵循与所研究主题具有强相关性的策略，只有做好案例的选取和资料的收集工作才能更好地开展后继的扎根理论分析工作。根据研究目的，本书在选取案例时主要考虑了以下两个方面：一方面，所选择的案例是中国知识密集型服务企业中的典型代表企业，具有较大的规模和较长的发展历程，以保证本书在考察知识源战略、动态能力与创新绩效关系时能较为完整地观察到三者之间的形成与发展过程；另一方面，所选取的案例分别隶属于不同的服务行业，以保证案例选取的多样化以及案例之间必须存在足够变异度的要求，有利于得到更加稳定和全面的分析结论。关于案例研究的数量，以往有学者指出案例研究的样本属于"理论样本"，与问卷调查和其他数量研究方法中的统计样本有所不同，因此案例数量不遵从统计意义上的样本数量规则（Eisenhardt & Graebner，2007）。Sanders（1982）提出多案例研究的最佳案例数量为3~6个。因此，本书选取6个案例作为研究对象。

案例研究的资料收集方法主要包括正式报告、演示资料、档案记录、访谈资料、问卷调查、直接观察、参与观察等。已有研究显示，多数学者通过"三角验证法"收集数据。Patton（1987）根据以往学者的研究，归纳整理出四种类型的三角验证法，即"数据三角验证法"（不同证据来源）、"研究人员三角验证法"（不同的评估人员）、"理论三角验证法"（同一资料集合的不同维度）和"方法论三角验证法"（各种不同方法）。结合本书的研究目的及所选案例特点，并根据"三角验证法"的原则，本书主要通过以下方法收集资料。

第一，通过企业网站、年度报告、董事会报告、内外部信息及报道，了解目标案例所在企业的发展历程、经营情况、组织文化、创新管等方面的基本信息。

第二，采取半结构化访谈方式，对样本企业的战略规划部门、信息科技部门和研究开发部门等的负责人进行深度访谈。半结构化访谈法一方面具有一定的结构性，可以保证访谈议题的相对集中；另一方面又具有一定的灵活性，可以加深对访谈议题的进一步了解并发现潜在问题（陈向明，2000）。本书设计了半结构化访谈提纲（详见附录1），并访谈了6家知识密集型服务企业的12位相关部门负责人。

第三，在案例研究基本完成之后，本书将整理好的资料反馈给访谈对象审阅，并征求对方意见。最终完成了案例资料的补充和修改，并形成了问卷初稿。

本书共调研了6家中国知识密集型服务企业，并访谈了6家企业中的12名中高级主管，由于篇幅所限，这里仅选取华为技术和招商证券两家公司为例进行详述，数据分析时则使用6个案例的全部质性资料。

3.2　华为技术创新管理案例

3.2.1　华为及其创新概述

2013年4月8日，华为年度审计财报出炉。华为全球销售收入2390亿元人民币，同比增长8.5%，净利润210.03亿元人民币，净利润位居电信供应商之首。华为技术有限公司是一家为电信公司提供整体解决方法的民营通信科技公司，总部位于中国深圳，产品主要涉及通信网络中的交换网络、传输网络、无线及有线固定接入网络和数据通信网络及无线终端产品，为世界各地电信运营商及专业网络拥有者提供硬件、软件、服务和解决方案。

华为于1987年在中国深圳正式注册成立，注册资本2.1万元。25年前，也许没有人预料到，这个当初仅有6名员工注册资金2万元，以代理国外交换机发家的创业级公司，有一天会以如此快的速度成长起来，成为中国民营企业的代表，并被学界和商界视为研究范本。国际著名金融投资家、战略家罗伯特·劳伦斯·库恩博士表示，华为已经具备世界级企业的资质。他表示,虽然许多人曾经认为华为抄袭外国技术而批评它是二流公司,但现在,"华为已经成为世界革新领袖,它的崛起震惊了原来的大佬们"。

现今的华为是成功的。然而在创业初期,华为技术有限公司的技术非常落后,面对国外强大竞争对手的压力,它的生存受到了极大的挑战。2003年年初,通信业巨头思科公司对华为提起多项诉讼,包括专利侵权、版权侵权、商业秘密侵权、不正当竞争等。华为能够无视顺境逆境,获得稳定增长的动力何在?答案是,华为始终注重创新,为企业注入了持续发展的活力。

华为创始人任正非说:"没有创新,要在高科技行业中生存下去几乎是不可能的。若不冒险,跟在别人后面,长期处于二三流,我们将无法与跨国公司竞争,也无法获得活下去的权利。"20多年来,在任正非的领导下,华为对技术创新孜孜追求。华为对创新也形成了自己的观点:不创新是华为最大的风险。华为如今在国际上的地位,来源于其多年来在研发上的巨额投入。别人觉得搞技术是赔钱买卖时,任正非却每年将华为收入的10%以上投入研发中。华为始终相信客户需求导向优先于技术导向。任正非认为,正是在这样一种创新精神和对技术的追求之下,使华为成就了一系列的第一。

华为技术有限公司长期坚持开放式的研发创新,每年将不少于10%的销售收入投入研发,并将研发经费的10%投入新技术预研,取得了长足的发展和进步。目前全公司进行产品与解决方案的研究开发人员约70000名,占公司总人数的45%,其中有1400多人专职从事中长期技术研究工作,并在中国及美国、德国、瑞典、俄罗斯、印度等地设立了16个研究所,与领先运营商成立28个联合创新中心,形成了持续创新发展的有效机制。

3.2.2 华为创新知识源策略

对于华为来说,创新具有不同途径,它既关注通过"拿来主义"

第3章 动态能力视角下知识源战略对创新绩效的影响机制探索

如并购企业获取技术、直接购买相关技术或合作开发所需技术来快速推进创新，也注重内化式的技术与产品能力创新，更关注基于客户需求导向的持续创新。总结来说，华为的创新知识源策略可以总结为以下几点，即基于客户需求的持续创新、"站在巨人肩膀上"的开放式创新以及内部共享资源的创新。

（1）基于客户需求的持续创新。

"以客户需求为导向"现今已成为华为创新的基本战略，华为一再强调产品的发展路标是以客户需求为导向，以新的技术手段去实现客户的需求。华为因此赢得市场的逐渐认可和尊重。华为内刊中摘录了任正非的一段讲话："只有当客户深刻地认识和理解了我们，他才知道我们这个战略伙伴和别人有什么不一样，才知道我们能提供给他的是什么样的未来，才会买我们的产品和服务。我们才能活下来。"在2012年的华为财报中，华为把创新植入品牌特质："我们洞察和把握行业趋势，围绕客户需求持续创新，构筑起强大的技术实力，以领先的产品和服务为客户持续创造价值"。

在早期，华为同大多数科技企业一样采用技术驱动型策略，即先研发出来产品，然后再去向客户进行推销。但随着技术驱动模式在通信市场的日益成熟，逐渐显现出技术与市场脱节的"短板"，用了几年时间研发的技术和产品最终并不能为市场接受，这不仅是人才、财力和资源的巨大浪费，也严重影响了企业的市场竞争力和持续发展能力。怎样才能提升企业核心竞争力，促进企业生存、发展能力的不断提升，是华为在技术驱动期就开始苦苦思索的问题。因此，华为开始以"技术驱动"向"市场驱动"的全面转型，并且确立了"坚持以客户价值观为导向，持续不断地提高客户满意度"的创新理念。

例如，在拓展欧洲3G市场时，华为注意到欧洲运营商在网络部署中希望基站能占地更小、安装更方便、更环保省电、覆盖效果更佳，提出了创新性的分布式基站理念，并率先将其产品化，彻底改变了传统基站的建设模式。分布式基站不仅大大降低了机房的建设与租用成本，而且易于安装，降低了设备安装成本，帮助运营商降低运营成本30%以上。目前，分布式基站已经成为全球范围内移动运营商在部署移动网络时重点考虑的方案，大量运营商由于采用了华为的解决方案而使网络质量和性能发生了彻底的改观。《商业周刊》对此评价："华为公司的成功是因为其为客户提供了顶级质量、最优性价比的产品。"

以"客户需求"推动的项目研发前提是要充分了解客户的需求，为了保持研发与市场契合，华为要求研发人员不仅要对项目的研发成功，还要直接对产品的市场成功负责，并且从流程运作和考核机制上来保障这种导向。例如，华为规定每年有5%的研发人员去做市场，每年有5%的市场人员去做研发。研发与市场的紧密结合，才能准确地针对不同的客户需求，提供实现其业务需要的解决方案，根据解决方案开发出优先满足客户需求的产品。

（2）"站在巨人肩膀上"的开放式创新。

所谓开放式创新，与内部创新最大的不同是，它提倡最大限度地利用外部资源，允许企业外部的创新主体参与创新过程，以求改善创新绩效、达成创新目标。2009年4月，华为副总裁宋柳平在一次演讲中说道："如果过度地强调自主创新，可能对于我们这个行业来讲，实际上是不一定有竞争力的，不创新是不行的，但封闭的创新也是不行的，我们强调的是开放式创新，因此我们跟全球的主要合作伙伴成立了几十家联合创新中心，这样就保证我们对于产品的开发是满足客户需求的东西，因为封闭的自我创新实际上是高成本的，同时也是不具备竞争力的。"

华为认为，要以开放心态看待和整合业界的各种资源，站在巨人的肩膀上前进。在华为看来，"技术重要，管理整合资源带来的市场成功更重要"。任正非在其《创业创新必须以提升企业核心竞争力为中心》的演讲中说道："我们提出了在新产品开发中要尽量引用公司已拥有的成熟技术，以及可向社会采购的技术，利用率低于70%，

第3章 动态能力视角下知识源战略对创新绩效的影响机制探索

新开发量高于30%，不仅不叫创新，而且是浪费，它只会提高开发成本，增加产品的不稳定性。当然，我们公司将来也会有许多人在未知领域去探索，也可能会有很大的成就，我相信会有这样的人才出来。但从公司的使命来看，我们是在做产品，完全创造性的东西在目前阶段没有可能和必要存在，将来也可能存在，存在的时候当然不会埋没你、压制你，一定会给你机会。但如果我们能在前人基础上善于总结、善于提高，仅用5~10年时间，你们的孩子还刚上小学，你们就可能是世界有名的专家，因此你们将有资本向你们的后代炫耀。但如果你们现在妄自浪费青春，一味自己埋头苦干，转来转去，你们的青春将不是无悔，而是懊悔不已。你不可能一个人去达到世界水平。"

华为虽然强烈认同在复杂多变、竞争激烈的市场中，"不进行创新的公司必然灭亡"，但华为从来不过分地片面强调"自主创新"。华为认为，创新要"善于站在巨人的肩膀上"，首先肯定和承认他人的优秀智力成果，勇于继承、善于继承，在继承他人优秀成果基础上开展持续的创新。

1998年，任正非就给华为定下了这样的目标：广泛吸收世界电子信息领域的最新研究成果，虚心向国内外优秀企业学习，在独立自主的基础上，开放合作地发展领先的核心技术，用我们卓越的产品自立于世界通信列强之林。任正非号召研发人员研发一个新产品时应尽量减少自己的发明创造，而应着眼于继承以往产品的技术成果，以及对外部进行合作或购买。

经过多年的努力，华为的技术创新已从跟随国际技术为主，发展到与国际主流技术同步的开放式研发。全球化是不可避免的，对于许多非核心技术，如果企业自行研发，成本会很高，这时可以资助、合作、直接购买各种研究机构的相关创新成果。我国的大型企业可以借鉴微软、思科、戴尔、英特尔等新一代企业的经验，依靠许可使用、购买外部技术进行创新。

2001年，任正非向研发部门下达指示，务必将合作研发的比例从2000年只占研发总经费的3%逐步提高到20%。刚开始，这种硬性推进合作的方式并没有起到预想的效果，因为大多数华为研发人员固守之前的研发观念，强调独立自主，凡事只考虑自己做，从来不考虑后果。这种观念在华为刚起步时是非常必要的，但是进入了21世纪，合作已经成为所有企业生存的一种方式，华为当然不能再执着于陈旧的开发观念。其所有研发人员必须扭转忽视合作的态度，在观念、组织、技术操作、管理上对合作有一个较大的转变，切实地开展对外合作工作。

2013年，华为作为欧盟5G项目的主要推动者、英国5G创新中心（5GIC）的发起者，发布5G白皮书，积极构建5G全球生态圈，并与全球20多所大学开展紧密的联合研究；华为对构建无线未来技术发展、行业标准和产业链积极贡献力量。

（3）内部共享资源的创新。

在华为内部，早期是凭经验进行产品开发，出了问题再一个个去解决，后来，任正非主张各个部门要充分开放，充分利用各种资源，任何部门和个人都不能将本部门或自己的技术创新、成功的经验甚至失败的教训"藏"起来。华为动员所有员工把自己的心得贡献出来，这节约了很多时间和资源。

任正非在华为大学工作汇报会议上曾讲道："人要善于总结，人的思想就是一根根的丝，总结一次打个结就是结晶，四个结就是一个网口，多打了结，纲举就目张了。总结得越多就越能网大鱼。"华为轮值CEO徐直军在《让知识和经验为华为创造价值》一文中也谈及："各级主管一直在苦恼如何持续提升员工的作战能力，如何确保业务效率与质量不断得到提升，一直在寻找解决此苦恼的钥匙。我认为知识管理正是大家要寻找的钥匙。"

2011年华为无线产品GSM年轻团队在面对如何传承十几年宝贵经验的问题时，选择了知识管理来促进内部资源共享和支撑创新。

第3章 动态能力视角下知识源战略对创新绩效的影响机制探索

2011年8月19日,无线历史最悠久的产品GSM从上海完整搬迁到西安,2012年,数百名GSM老员工回流上海,承接的西安团队全部换了一茬,而且其中入职不满两年的员工占了60%。面对SingleRAN架构产品结构的持续演进和1200万载频的海量存量交付压力两座"大山",这个年轻的团队如何快速把业务支撑?如何建立起"树"型知识管理结构?GSM十几年的宝贵经验又该如何传承?通过"做前学"(项目知识管理)、"做中学"(知识社区)和"做后学"(知识资产)三个层次的实践,建立起"树"型知识管理结构:以AAR(After Action Review,事后回顾)等知识收集方法活动为"枝叶",结构化知识管理社区为"主干",核心能力交付件为"根系"。在实战中不断将知识资产固化到业务流程中,有力支撑了GSM产品线从上海迁移到西安后的业务稳定和持续成长,实现了在版本规模上涨10%的情况下,节省人力1200人·月;德电准入测试保障中的问题由54个减少到6个,交付质量大幅提升。

茂叶,即事前学习,事后总结。知识收集包括事前学习已有经验和事后总结案例。事前学习已有的成功经验是非常重要的工作习惯,本质上是知识的应用。事后总结案例包括轻量级的AAR和大型活动后的Retrospect,提炼成可以分享和传播的案例,有效避免经验的流失。例如,GSM的TC项目组在每次例会上留10分钟时间对关键活动做AAR,看上去花的时间不多,但日积月累,每个人都养成了总结和分享的习惯和能力。有了总结的习惯,知识管理就有了坚实的基础。

强干,即知识社区结构化。案例总结和经验共享并非现在才有,但过去99%都"躺"在服务器里睡大觉,如何让这些知识"活"起来?要精心整理结构化的知识社区,并指定专家作为社区各个模块的Owner来整理维护、答疑解惑、讲经布道,这就是"强干"举措。结构化的知识社区,让知识分类有了真正的"家",而不是散落街头;专家Owner,让每个"家"有了"主人",知识的共享和传播有了明确的责任主体。

固根,即知识固化为核心交付件。这些在知识社区经过打磨并被多次成功实践证明的核心知识,如果要得到更好的使用、传播和固化,就要提炼成更加简洁的流程、模板、工具、产品等核心交付件,在组织的流程及微流程体系中固化下来。例如,针对最复杂的版本管理活动,GSM 团队通过《版本管理一本通》这个核心交付件把所有和版本管理相关的指导书、模板、checklist、案例、工具全部结构化地清晰串联起来。又如,在 GSM 解决方案版本通过德电准入测试时,德电是 GSM 历史上最"严苛"的客户之一,在每个版本准入测试中,其关注点都会产生变化,使准入过程异常艰难。为了彻底改变被动局面,2013 年,GSM 团队学习和继承了 UMTS 在加拿大整理的项目准入保障"七步法"(包括客户场景 Beta 测试、现网小规模测试、大规模上网等),通过合同解读等方法提前识别风险,根据历史准入问题提炼客户关注点,提前化解风险,最终形成了完整的《德电保障一本通》核心交付件,提炼了准入每个阶段的 checklist、处理问题的方法等。通过这一系列举措,新版本的问题数相对前一版本减少了 89%,取得了三位一体的收获,即业务成功、人员成长、组织级的能力提升。

3.2.3 华为创新的动态能力支撑

客观来说,华为能有如此杰出的创新表现,既取决于高层的思想认识和高度重视,还在于一系列的机制设计,才让华为创新是可持续的,也使华为在面对严酷的市场竞争中具备了足够的动态能力。具体来说,表现在以下几个方面,即长期高额研发投入和全球化研发策略、规范化的创新管理流程以及具有华为特色的创新文化基因。

(1) 长期高额研发投入和全球化研发策略。

华为认为"创新不是短跑,是长跑,是马拉松,必须持续地跑下去"。华为在研发上持续数年高额投入,同时华为对"水面下"基础技术研究也非常重视。

持续的研发投入,正是对华为创新"马拉松"的完美注解。事实上,从华为成立的第一天起到现在,华为一直在坚持着这样一条内部政策——"销售收入的10%投入研发中去"。截至目前,华为累计投入了高达190亿美元用于研发,而2012年单年的投入金额就达到了48亿美元。而在人力投入方面,目前华为的15万名员工中,就有多达7万名的研发人员。

全球化的研发策略,是开放创新的必然。巨额的研发投入,让华为必须关注效率;在当今经济、技术全球化和信息化的背景下,就应该用最高的效率整合分布全球的智慧资源。在这一目标下,华为目前在中国以外,已经设立了16个独立研究所,遍布北美、欧洲和亚太各个国家和地区。值得注意的是,华为海外研究所所处的这些国家和地区,绝大部分的人力成本都高于中国、印度等国家。对此,华为副总裁胡厚崑表示,在高成本之外,我们看到的是分布在全球各地的最优秀的智慧资源,而我们就是要整合这些资源。

对于创新这项"马拉松"活动而言,更多的努力是在引人注目的赛场之外。在应用创新、产品创新和基础技术创新这三个层面中,应用、产品的创新就如同露在水面上的冰山,"最容易被人们看到";基础创新则是令冰山能够浮起来的处在"水面下"的部分。例如,华为在全球无线通信领域内推出的领先、低功耗、紧凑型的小基站,属于应用和产品的创新,"是有形的,是人们可以看见的";但这一产品需要数学、无线算法、材料工艺上的基础研究来支持,都是"水面下"的创新。

如同冰山一样,没有"水面下"的基础技术创新,就很难保证在产品和应用上的领先。因此,"应用、产品和基础技术研究并重,这是华为的创新策略。"目前,针对基础技术创新,华为在全球打造了一支2万人的队伍,他们组成了"2012实验室",进行材料学、数学及算法等方面的研究，从而支撑产品和应用的领先性。目前，华为有 16539 个专利。华为持续创新、逐年增加的专利申请，与其较高的物力、人力投入是分不开的。

除了资金的大投入外，华为也非常重视对研发人才的投入和积累。华为员工总数的 48% 被公司投放到研发部门。为激发员工技术创新的积极性，华为出台了"多阶段奖励政策"等一系列专利创新鼓励办法，保证发明人全流程地关注其专利申请，每项重大专利可获得 3 万元至 20 万元的奖励。为了保证创新行为的持续性，华为的工资、奖金、安全退休金、医疗保障、股权、红利以及其他人事待遇均向研发人员倾斜，对研发人员进行全方位的激励。根据职位职责和胜任能力定工资，根据业绩定奖金，根据潜力定股权，是华为在报酬机制上的具体做法。

（2）规范化的创新管理流程。

"核心竞争力对企业来讲是多方面的，技术与产品仅仅是一个方面，管理与服务的进步远比技术进步重要。华为取得既往成功的关键因素，除了技术、人才、资本外，更有管理与服务"，任正非曾这样总结华为的管理经验。"产品发展的路标是客户需求导向；企业管理的目标是流程化组织建设"，这两句话贯穿在华为 20 年的发展历程，也由此形成了华为在复杂、激烈的市场竞争中取得卓越成绩的核心竞争力。

在技术研发组织和创新管理方面，华为已经形成了一套非常规范化的创新管理流程，其首先开始于从 IBM 引进的集成产品开发（Integrated Product Development，IPD）体系，IPD 是关于产品开发（从产品概念产生到产品发布的全过程）的一种理念和方法，它强调以市场和客户需求作为产品开发的驱动力，在产品设计中就构建产品质量、成本、可制造性和可服务性等方面的优势。尤其重要的是它将产品开发作为一项投资来管理。在产品开发的每一个重要阶段，都从商业的角度而不只是从技术的角度进行评估，以确保产品投资回报的实

第3章 动态能力视角下知识源战略对创新绩效的影响机制探索

现或尽可能减少投资失败所造成的损失。这是 IBM 历时 5 年总结出来的一套管理模式，华为希望穿上 IBM 的鞋，迅速走上国际化管理的轨道。

至今，华为将从 IBM 引入的 IPD 项目集成管理经过优化后，逐渐固化为华为"以客户需求为导向"的技术创新基本战略，形成华为规范化的技术创新流程。IPD 让华为从技术驱动转向了市场驱动，彻底改变了华为的技术管理和项目研发流程，让华为的技术创新做到在准确理解客户需求之后，再将客户的需求准确传递，然后根据市场需求，准确进行创新取舍评判，并且保证了人力、能力的全面支持。全流程的创新管理保证了华为能够快速响应市场，优良服务客户，成就了华为在满足客户需求方面"让客户惊叹，让对手心寒"的高效配合能力。

（3）华为特色的创新文化基因。

狼性文化是华为最为人深知的一张名片。2001 年，任正非发表《华为的冬天》，把狼性文化定义为偏执的危机感、拼命精神、平等、直言不讳、压强原则。正是狼性文化让华为在战场上几乎战无不胜，并保有了未来市场恢复后的预期份额，而在内部管理上，狼性文化让华为拥有了一批高素质、吃苦耐劳、做开发比国外同行成本低的人才，这让华为能够更好地推进低成本的竞争策略。

对于高科技企业，创新是公司的灵魂，狼性文化对纪律性、执行力的崇拜和强化，也进一步激励了员工的创新。华为所追求的"狼文化"隐含了更深层次的五个信念，即：工作动机上强调对挑战性目标的激情追求、工作态度上强调战胜困难的顽强作风、行为方式上强调以工作为中心的奉献式努力、行为风格上强调富有谋略的团队配合、目标达成上强调卓越业绩的持续突破。这五个信念体现了华为创新全过程的文化要求。

例如，为了缩短与国外通信巨头的差距，华为研发人员经常集体加班，累了就在办公室铺垫子睡一觉，这形成了人们熟知的华为传承至今的"床垫文化"。此外,跨部门技术攻关和会战也是华为的一大"景观",已研发成功的多种大型复杂的产品系统,如 GSM、数据通信和智能网等,都是由数千研发人员在 2~3 年的时间内,分散在不同地域协同完成的。

除了与生俱来的狼文化基因外,华为创新文化中对于创新成果的尊重和保护也是非常重要的一环。对于任何一家成功的创新型企业而言,显著的投入,如大量的时间、资金和智力等,都是创新的"高昂"代价。与此相应,只有在创新成果得到创新保护的情况下,才能激发创新的原动力,也才能刺激对于创新的深度投资。在知识产权的保护上,华为一直扮演着积极的角色。早在 2002 年,华为即参与了知识产权的交叉许可,以付费使用方式,来获得他人的知识产权的使用权,分享创新成果。现在,华为每年支付给行业合作伙伴的专利使用费,大概在 3 亿美元。据了解,华为的知识产权战略有 3 大"利器":一是在核心领域不断积累自身知识产权,并进行全球专利布局,以保持参与市场竞争所必需的知识产权能力;二是积极参与国际标准的制定,推动自有技术方案纳入标准,积累基本专利;三是始终以开放的态度学习、遵守和运用国际知识产权规则,按照国际通行的规则来处理知识产权事务。同时,以积极友好的态度,通过协商谈判、产品合作、合资合作多种途径解决知识产权问题,必要时遵循国际惯例通过法律程序解决知识产权问题。

3.2.4 华为的创新绩效表现

据了解,自 2008 年《国家知识产权战略纲要》(以下简称《纲要》)颁布以来,华为在知识产权拥有量方面有了大幅增加。截至 2012 年 12 月 31 日,华为累计申请中国专利 4.1 万余件,累计共获得专利授权 3 万余件;尤其是在欧美发达国家,华为累积申请专利 1.1 万余件(不含 PCT 申请),并获得近 7000 件的欧美专利。与 2008 年

第3章 动态能力视角下知识源战略对创新绩效的影响机制探索

相比，华为专利授权总量而今已经增长了近3倍。在欧美地区，华为年度专利授权量已经与西方公司相当，总体上具备了与西方公司抗衡的专利实力。伴随着知识产权战略的实施，华为在第四代移动通信技术（4G）LTE、云计算、智能终端等技术及产品方面的竞争实力得到大幅提升，在 LTE 领域持有 15% 以上的基本专利，居业界前列。

同时，华为还积极融入和支持主流国际标准，已加入 123 个国际行业标准机构和论坛，并在其中担任了 180 多个关键领导职位。在过去的几年里，华为在光传输、接入网、下一代网络及网络安全领域共组织提交文稿 23000 多篇，为产业标准做出了积极贡献。

华为在关键技术领域也不断突破，收获了"无线接入、光传输、光接入、移动核心网"等领域的多个销售量第一。现在华为在 ALLIP 方面已取得包括终端、固网接入、骨干网接入、核心网和最上层的软件应用等技术领域和市场方面的一系列突破。在无线接入网领域中，华为业界首创的 SingleRAN 解决方案和产品，能够帮助运营商减少无线接入和基站的数量，而且还能够减少对环境的影响。除此之外，在传送网、核心网等方面都坚持创新，为业界做出了杰出的贡献。

近几年来，华为以市场为导向的创新产品逐渐获得市场认可和欢迎，市场业绩也节节攀升，并出现快速增长势头。2005 年，华为全年销售额 82.5 亿美元；2006 年为 84.5 亿美元；2007 年全年销售额首破百亿元，达 160 亿美元；2008 年在全球金融危机爆发时逆势上涨，全年销售额达 183.3 亿美元，同比增长 42.7%；2009 年华为一举创下 300 亿美元的销售收入，超过诺西成为全球排名第二的通信企业，其中在无线通信设备领域的全年销售额达到 100 亿美元，无线基站发货量居全球首位，成为全球最大的无线设备供应商。2013 年华为在运营商网络业务实现销售收入 1665 亿元人民币，同比增长 4.0%；企业业务和消费者业务同比增长率为 32.4% 和 17.8%，分别报收 152 亿元和 570 亿元人民币。从区域维度看，65% 的收入来自海外市场。中国市场实现销售收入 840 亿元，同比增长 14.2%，位居全球通信设备供应商之首。华为基于智能架构的整体移动宽带网络解决方案、全套室内覆盖解决方案、绿色移动网络解决方案等业界领先的创新型解决方案和产品受到全球客户的欢迎，成为华为实现市场突破的利器。

华为业界首创的整体移动宽带网络解决方案由于深谙运营商需求，一经推出就获得全球运营商的认可，在O2、中国联通、Telenor、TeliaSonera、比利时电信、Net4Mobility等运营商网络获得大规模应用。有关数据显示，截至2009年上半年，华为已经获得UMTS/HSPA合同150个。截至2013年，华为LTE已经进入全球100多个首都城市，覆盖九大金融中心。华为在LTE的技术创新和市场领先，标志着华为已经成为下一代移动通信技术的领跑者。

2010年新年伊始，华为还发布了下一个十年通信行业趋势展望。华为认为，在一个电信渗透率饱和时代即将来临之际，"超越人口，发展用户""超越语音，发展业务""超越管道，发掘价值""超越行业，发展行业"等"四个超越"，将帮助运营商突破"人口、语音、管道、行业"的天花板，把电信行业带到新高度。华为预计，物联网、移动宽带、云计算、家庭网络等四类创新型技术，将可以帮助运营商实现"四个超越"。在通信行业转型发展的下一个十年中，华为表示，将会一如既往地进行产品创新、业务创新、架构创新和技术创新，制定面向未来的Single网络战略，支撑未来业务的增长，带动整个行业的持续发展。

3.3 招商证券创新管理案例

3.3.1 招商证券概述

招商证券股份有限公司是百年招商局旗下的金融证券领域龙头企

第3章　动态能力视角下知识源战略对创新绩效的影响机制探索

业,前身为1991年8月创办的招商银行证券业务部,经过20年的创业发展,公司综合实力进入国内证券业前列。2009年11月,招商证券在上海证券交易所上市,股票代码60099。招商证券为投资者提供证券代理买卖、融资融券、证券发行与承销、收购兼并、资产重组、财务顾问、资产管理、投资咨询等证券投融资全方位服务,并拥有招商证券(香港)有限公司、招商期货有限公司、招商资本投资有限公司,参股博时基金管理公司、招商基金管理公司。

招商证券总部设在深圳,在国内50个大中城市及香港特别行政区设有分支机构,拥有国内首个多媒体客户服务中心和国内第一个专业证券交易网站。公司拥有一支专业、高素质的人才队伍,包括一批在产品设计、投资管理、发行承销、收购兼并顾问、客户服务、风险控制等方面具有丰富经验的专家。公司投资银行业务突出中小企业市场能力、特色行业竞争力和优秀的承销能力,业务规模连年快速增长;零售经纪业务以领先的服务能力、便捷的交易方式,保持市场占有率的持续稳步增长;资产管理业务凭借快速的产品创新能力和良好的投资业绩,管理资产规模连续多年位居行业前列。

招商证券拥有良好的内部控制能力、先进的内部控制架构和风险管理体系,建立了完善的规章制度,实施覆盖全过程、专业化的风险识别、评估、监测、控制和反馈流程,并通过清晰、严格的问责管理制度予以预防,公司的内部控制水平得到监管部门及同业的高度评价。我国证券行业目前正处于新一轮行业结构升级阶段。近年来大型证券公司的规模及市场份额逐渐提高,资源向少数证券公司集中,行业竞争格局逐步明朗。总体而言,证券行业整体竞争格局仍处于由分散经营、低水平竞争走向集中化的演变阶段,各证券公司在资本实力、竞争手段、技术水平等方面仍未拉开明显的差距。公司在各个业务领域均面临激烈的竞争,主要表现在:(1)价格竞争激烈,主要业务收入面临挑战;(2)业务升级面临挑战,创新业务、创新产品、创新服务是业务升级的关键;(3)行业属于快速发展期,人才竞争激烈。

3.3.2 招商证券创新知识源策略

3.3.2.1 "以顾客为关注焦点"的持续创新

招商证券不断贯彻"以顾客为关注焦点"的理念，在建立和提升与顾客的契合以长期赢得市场，在倾听顾客声音以改进和提升服务品质等方面，都建立了具有行业先进水平的卓越绩效模式。公司根据客户生命周期不同阶段的特点，了解其服务需求，制定相应的策略和措施，以满足并超越客户期望。公司通过明确部门职责、工作过程和方式，倾听不同顾客群的声音，了解各类型客户的需求，来改善产品和服务。表 3.1 为招商证券倾听客户声音的具体方式。

表 3.1　　　　招商证券倾听客户方式

方式	收集部门	工作过程	目标客户
1. 客户需求反馈机制	业务部门、市场部	需求反馈流程	所有客户
2. 客户走访、座谈	业务部门	需求反馈流程	重点客户
3. 陌生拜访	业务部门、第三方机构	营销流程	潜在客户
4. 市场推广活动	业务部门、市场部	营销流程	潜在顾客
5. 客户推介会	业务部门	营销流程	所有客户
6. 投资报告会	业务部门、研究发展中心	营销流程	所有客户
7. 回访机制	业务部门	客户管理流程	重点客户
8. 客户投诉处理机制	业务部门	客户管理流程	所有客户
9. 上市公司调研	研究发展中心、业务部门	研究工作流程	潜在客户、机构客户

以经纪业务为例，客户的需求和投诉可以通过营业部投资顾问、客户经理、柜台等线下方式，或者招商牛网、呼叫中心 95565 等多种渠道及时、畅通地传递给有关部门和人员，按照《招商证券投资顾问管理办法》《招商证券客户分级管理办法》和《招商证券投诉管理

第3章 动态能力视角下知识源战略对创新绩效的影响机制探索

暂行办法》等规章制度，公司对处理流程、时间、方式、反馈等进行严格规定。为应对证券行业的变革，公司秉承"以客户为中心"的经营理念，在业内率先实施组织变革和业务转型，以私人客户、机构客户、海外客户作为三大客户群体。针对私人客户设置财富管理团队，专门服务高净值私人客户，通过服务团队收集客户意见，并反馈到服务产品设计中。针对机构客户，不但建立机构服务队伍，为机构客户提供投融资方案，还根据机构客户的需求反馈，不断增加市值管理、上市公司调研、路演等衍生服务。此外，还将传统针对私人业务的证券营业部转型为综合性服务机构，增加机构服务功能，在地方层面收集机构客户的需求，并及时反馈给总部机构服务部门。针对海外客户，公司建立国际业务部拓展海外业务，并实施本地化策略，根据海外地政府监管机构要求和当地客户特点，有针对性地设计产品和提供服务。目前已经建立中国香港公司、韩国首尔办事处，并不断加强与日本、新加坡、美国等地金融机构的联系，拓展海外业务，为更多的海外客户提供本地化、个性化服务。

招商证券客户中心是公司获取客户投诉、反馈、意见的主要渠道。客户中心通过客户的电话以及客户在公司网站客户服务专区的在线投诉与建议，收集客户的意见与建议，并及时反馈到总部归口业务管理部门，由归口业务管理部门有针对性地进行解决或工作优化，及时跟踪反馈给客户，以便及时满足客户的需求以及改进自身的工作。招商证券还通过分布各地的91家分支机构的客户服务人员，在服务的过程中，针对客户的意见与建议，或是从客户处获取竞争对手的信息，反馈至总部业务管理部门处理或是现场进行处理。招商证券还借助合作渠道如银行、基金公司等机构获取客户的需求与建议，或是其他竞争对手好的做法，对自身的产品与服务加以审视、优化与改进。招商证券也构建了强大的CRM系统，对客户基本信息和交易行为进行分析，发掘客户风险偏好和投资习惯、交易行为特征，有针对性地为客户提供服务。

3.3.2.2 "以内部开发为主,外部合作为辅"的创新方式

基于金融服务行业特性,证券行业的产品创新主要为服务类产品的创新,一般不涉及科研机构合作,而主要采取内部开发的方式进行。招商证券产品创新主要包括投资银行类创新产品、资产管理类创新产品以及经纪业务类创新产品。目前,投资银行类和资产管理创新产品主要是通过内部开发的形式。招商证券属于首批创新类券商,一贯强调先人一步的自主创新精神,投资银行业务积极研究新行业和新服务模式,密切跟踪客户需求,根据客户所在行业特点和市场监管环境创造性地提出投行服务方案,并不断取得成功。公司资产管理业务建立了业内完善的产品创新体系,建立了产品开发流程及其完善的绩效管理体系。在产品创意、立项、定型过程中,充分了解客户需求,建立客户需求库,在深入了解金融市场、国际国内理财产品的基础上,建立资产数据库、理财产品数据库、基础产品数据库,通过强大的数据库支持,设计合乎市场需求、行业领先的创新产品。部分资产管理类和经纪业务类创新产品采取与银行等金融机构联合开发的方式开展。

公司新产品主要为金融服务类产品,包括新理财产品和新资讯产品。公司的产品从设计到营销,都将客户的需求放在第一位,所以产品的商业化过程也是客户需求被满足、产品价值体现的过程。公司理财产品和咨询产品开发均有严密的流程。公司推出定向理财产品前,产品开发团队首先进行充分市场调研,了解客户理财需求及资本市场的最新趋势,明确产品的特性和目标客户。在产品设计过程中,与目标客户直接沟通,了解客户对产品的需求,力争产品能融合客户的价值诉求,这样设计出的产品才能给客户带来价值。公司资讯服务产品为客户提供了研究报告、选股模型、理财产品配置等服务内容,致力于为客户资产的增值。产品中每个项服务点,都针对了客户对于资产增值的服务需求,所以产品从设计到推出,体现了客户需求的落地过

第3章 动态能力视角下知识源战略对创新绩效的影响机制探索

程。招商证券在产品营销过程中,由专业的客户经理和投资顾问做产品匹配分析,根据客户风险偏好和资金规模等因素进行针对性的推介,并在适当时机邀请产品的设计团队到场做产品推介会和路演。通过这种针对性的产品营销,让客户深入了解产品特性和自身匹配度,达到产品价值—客户需求的结合。

3.3.2.3 构建强大的知识管理体系推进内部知识分享

2008年10月,招商证券引入知识管理理念,开展知识管理一期项目,对公司员工进行知识管理理念的宣导与培训。在内刊持续发布系列文章,倡导知识管理的文化。公司领导在各级会议上阐述知识管理理念,对各级干部员工进行引导。2010~2011年,公司开展知识管理二期项目,与各部门进行调研访谈,辅导各部门开展知识体系梳理及知识地图编制工作。每年与公司重点部门讨论知识管理在业务部门的应用方案。此外,通过公司月刊、E报、OA等内部宣传媒介,传播知识管理理念与经典案例、分享文章,营造良好的知识管理氛围。目前在全公司范围内形成了良好的知识管理氛围,知识管理理念深入人心。2011年,公司的文化主题为"创新",2012年的文化主题为"转型—创新求变,追求卓越",均以加强业务、管理与服务创新、推动最佳实践、开展大讲堂等为主要手段,促进公司以知识为本的企业文化。

招商证券知识管理的战略目标是建立服务全员、持续完善、国内最佳的知识管理体系,实现战略支持、创新支持、业务发展和人才培养的内外部知识资源的积累、应用与整合,使招商证券成为最成功的知识型券商。公司倡导建立学习型组织的文化,运用多种知识管理工具,规范员工知识化行为:通过设立"金点子"奖、开辟建议征集通道,鼓励员工为公司发言献言献策;通过导师制,促进新员工及新任干部的快速进步;通过行动后总结,及时总结重大项目、活动的经验;公司要求VP级以上员工作为本业务领域的知识专家,必须在知识社区回答其他员工提出的业务问题；通过知识中心的各类知识主题活动，促进员工总结、分享、应用知识。以上这些举措，均取得了良好的效果，公司知识沉淀、分享、传承、应用的理念已深入人心并转化为实际生产力。

在知识分享机制、文化和平台建设方面，招商证券开展了大量卓有成效的工作，典型实践有：

（1）二次分享机制。为促进知识的传承，外派培训者须在回公司后将培训教材和学习成果交公司存档，并将所学内容在公司相关范围内进行二次分享。2006年以来，公司已收回各类员工培训心得、学习报告和研究成果文稿数百篇。

（2）建立完善的知识积分机制。员工在分享、学习知识时，均会获得相应的积分，个人、专家、部门均有积分排行榜，每年度会根据积分设置知识管理专项奖励。

（3）工作交流会。针对创新业务、最新政策等，组织相关岗位开展工作交流，促进"干中学"，推动知识应用和最佳实践的推广。

（4）启动知识管理"四个一"工程。通过3年左右时间，组建100人的专家队伍、编制100张重点知识地图、组织100场知识专题活动、收集并推广1000个经典案例。通过"四个一"工程，形成专业的专家队伍，完善公司知识图谱、营销知识管理成果，推广优秀案例的最佳实践，打造招商证券"知识管理"的内部品牌。

（5）知识产品化。将相关联的知识制作成系列知识产品，知识产品分为知识地图系列（主要以公司重点岗位为核心，打造精英岗位知识地图）、专题知识系列（各业务重点专题知识）、表格模板系列（常用表格及最佳范例）、重点项目系列（重大项目的管理与知识发布）。

（6）流程知识化。通过流程E化实现流程知识与知识管理平台知识流通的双向通道。

（7）隐性知识显性化。通过收集、整理、发布公司各业务经典案例，推广最佳实践；通过知识社区的运营，及时将常见问题转化为知识。

（8）导师制。公司为新员工、新任干部指定指导人，对其工作进行指导，并定期进行回顾。通过"师带徒"的方式传承知识与经验。

（9）建议征集。公司在社区设有建议征集渠道，征集员工的意见与建议，给予一定物质激励；每年评选"金点子奖"鼓励积极为公司出谋划策的员工。

3.3.3 招商证券的创新表现

在行业改革创新发展的大背景下，招商证券不断加大创新业务投入，2011年至2013年6月，创新业务收入累计接近20亿元（人民币），年均创新收入占比约为14%。2011年以来，随着监管政策的陆续放开，招商证券获得了16项创新业务资格，为公司拓宽业务范围、提高客户服务水平、扩大收入来源奠定基础。例如，股指期货套保业务的规模位居行业前列，收入贡献过亿元；股票质押式回购交易业务、约定购回式证券交易业务、杠杆及结构融资业务、新型自营投资业务等创新业务的创收效应日益显现。在理财产品方面，招商证券不断推陈出新，客户保证金理财产品"智远天添利"，可帮助客户显著提高炒股闲置资金的收益；短期理财产品"智远双周赢"，弥补了银行短期理财产品的空白；"一触即发"系列产品，是挂钩沪深300指数的结构化产品，在多个银行渠道销售时受到客户的欢迎。这些创新型集合理财产品为客户提供了更多选择，也进一步增强了招商证券的创新能力。此外，招商证券还正在培育和发展环球商品、权益类证券收益互换等新型资本中介业务，以期培育更多新的收入增长点。

招商证券用于研究和开发的预算占整个预算的2.35%。由于公司属于金融服务业，主要的研究开发费用与生产型企业有较大差异，不涉及固定资产投入，因此此项费用占比相对较小。公司着力培育股指期货、融资融券、套利交易、产业基金等新业务，着力推进业务协同和创新，对原有业务模式、服务模式、营销模式的变革和创新，着力推进业务协同和发展以专业能力、协同能力和创新能力为核心的高附加价值类业务。加快公司业务升级，进一步拓宽公司收入增长的空间。2011年公司创新业务收入贡献占比提升至22.7%，成为公司营业收入的重要来源。与同业相比，由于公司是较早获得创新业务资格的证券公司，创新业务收入水平在同业中属发展前列，具有较大业务优势。

创新一次并不难，难的是坚持创新。任何一个新点子源源不断的企业，必定有鼓励创新的激励机制做坚实后盾。招商证券高层明确提出，公司创新发展战略就是要建立和完善鼓励创新发展的资源配置和激励机制，大力引进和培养创新型人才，紧跟市场和政策动向，持续学习和借鉴先进的国际经验，实现创新业务的领先。"招商证券鼓励原创型创新，就是要作证券行业创新的推动者和领先者，而高水平的研发能力和原创型创新能力也应该是中国最佳投资银行的基本特征之一。"

2013年，招商证券出台了一系列创新激励措施，建立了创新共享平台，规范了创新活动管理流程，并成立了1亿元的创新发展基金，大力鼓励创新，尤其是原创型、自主型创新。正是因为这一机制，在招商证券，很多有关创新的理想能够实现。2014年11月，招商证券在内部开始全面征集2014~2015年创新项目，各部门和分支机构申报踊跃，短短数月内，报送的创新项目已接近70项。

说起创新，招商证券很多人的感受是"痛并快乐着"——虽然想方案赶进度时加班，很辛苦，但各部门通力合作，心并不累。一位参与业务创新的员工在公司内部刊物上写道："对于我们而言，创新已不仅是一种态度，更是一种习惯。"

第3章　动态能力视角下知识源战略对创新绩效的影响机制探索

3.4　研究过程

扎根理论方法的研究过程主要包括开放性译码、主轴译码和选择性译码三个主要阶段。其中，开放性译码是将资料分解、检验、比较、概念化和范畴化的过程；主轴译码是通过运用因果条件、现象、脉络、行动/互动的策略和结果这一译码典范模型将开放性译码中所得出的各项范畴联结在一起的过程；选择性译码则是选择核心范畴，把它系统地和其他范畴予以联系，验证期间的关系，并把概念化尚未发展完备的范畴补充整齐的过程。扎根理论的三重译码分析过程并不是彼此分离、互不影响的，其实每一个译码阶段都与其他阶段紧密联系，研究者需要在各阶段之间不断地跳跃和往复。

3.4.1　开放性译码

开放性译码是指对所收集的资料进行分解编码，也就是贴标签和初步概念化的过程。不经过这一分析性的基础步骤，扎根理论研究法的后继分析与成果展示将成为无源之水。经过开放性译码形成 NVIVO 数据库中的自由节点。由于篇幅所限，本书只列举其中部分示例如表 3.2 所示。

表 3.2　　　　　　　　　开放性译码示例

典型引用	初始范畴（自由节点）
华为目前在中国及美国、德国、瑞典、俄罗斯、印度等地设立了 16 个研究所，与领先运营商成立 28 个联合创新中心，形成了持续创新发展的有效机制	与领先客户联系密切
华为规定每年有 5% 的研发人员去做市场，每年有 5% 的市场人员去做研发。只有研发与市场的紧密结合，才能准确地针对不同的客户需求，提供实现其业务需要的解决方案，根据解决方案开发出优先满足客户需求的产品	研发人员拥有多种专业知识

续表

典型引用	初始范畴（自由节点）
2012年的华为财报里，华为把创新植入品牌特质："我们洞察和把握行业趋势，围绕客户需求持续创新，构筑起强大的技术实力，以领先的产品和服务为客户持续创造价值"	能够迅速辨识技术、市场环境的变动
截至2013年，华为已与全球20多所大学开展紧密的联合研究	与领先大学联系密切
各个部门要充分利用各种资源，充分开放，任何部门和个人都不能将本部门或自己的技术创新、成功的经验甚至失败的教训"藏"起来，要擅于学习、充分共享	积极更换知识能力集
面对SingleRAN架构产品结构的持续演进和1200万载频的海量存量交付两座"大山"，GSM产品线通过做前学（项目知识管理）、做中学（知识社区）和做后学（知识资产）三个层次的实践，成功攻克了技术难题、顺利完成了项目交付任务	公司内部充分的知识共享
在拓展欧洲3G市场时，华为注意到欧洲运营商在网络部署中希望基站能占地更小、安装更方便、更环保省电、覆盖效果更佳，提出了创新性的分布式基站理念，并率先将其产品化，彻底改变了传统基站的建设模式	能为本地市场开发新产品
目前，分布式基站已经成为全球范围内移动运营商在部署移动网络时的重点考虑方案，大量运营商由于采用了华为的解决方案而使网络质量和性能发生了彻底的改观	能为客户创造新产品和服务
华为认为，要以开放心态看待和整合业界的各种资源，站在巨人的肩膀上前进。在华为看来，"技术重要，管理整合资源带来的市场成功更重要"	拥有大量的整合资源，以支持公司的重要举措
2001年，任正非向研发部门下达指示，务必将合作研发的比例从2000年只占研发总经费的3%逐步提高到20%	与领先客户、领先供应商、领先大学/机构合作密切
截至2012年12月31日，华为累计申请中国专利4.1万余件，累计共获得专利授权3万余件；尤其是在欧美发达国家，华为累积申请专利1.1万余件（不含PCT申请），并获得近7000件的欧美专利	拥有丰富的行业技术知识
华为将产品开发作为一项投资来管理，在产品开发的每一个重要阶段，都从商业的角度而不只是从技术的角度进行评估	管理层可以自由裁量资源以支持新战略
经常性的跨部门技术攻关和会战是华为的一大"景观"。已研发成功的多种大型复杂的产品系统，如GSM、数据通信和智能网等，都是由数千研发人员在2~3年的时间内，分散在不同地域协同完成的	积累了丰富的行业管理经验

第3章 动态能力视角下知识源战略对创新绩效的影响机制探索

续表

典型引用	初始范畴（自由节点）
华为还积极融入和支持主流国际标准，已加入 123 个国际行业标准机构和论坛，并在其中担任了 180 多个关键领导职位	对所属行业非常熟悉
在关键技术领域，华为也不断突破，在无线接入、光传输、光接入、移动核心网等领域，收获多个销售量的第一	积累了丰富的行业市场经验
产品中每个项服务点，都针对了客户对于资产增值的服务需求，所以产品从设计到推出均体现了客户需求的落地过程	经常为客户升级产品和服务
2011 年以来，随着监管政策的陆续放开，招商证券获得了 16 项创新业务资格，为公司拓宽业务范围、提高客户服务水平、扩大收入来源奠定基础	利用新市场的新机会
公司通过明确部门职责、工作过程和方式，倾听不同顾客群的声音，了解各类型客户的需求，来改善产品和服务	经常对现有产品和服务进行改进
2002 年以来，招行在国内推出了第一个面向高端客户的服务品牌体系——金葵花理财，第一个面向公司客户的全面服务品牌——点金公司金融，第一张符合国际标准的双币信用卡，都获得了广泛的认可	不断开拓新的分销渠道
招行强调必须根据政治、经济、社会、技术等外部环境的变化和客户需求的要求变化来改变自己，适应市场，因此提出了"因势而变，因您而变"的经营理念	主动监测影响业务的环境和技术变化
19 年来，招行以敢为天下先的勇气，不断开拓，锐意创新，在革新金融产品与服务方面创造了数十个第一，被广大客户和社会公众称誉为国内创新能力强、服务好、技术领先的银行	不断创造新产品和新服务
网点服务效能继续提高，升级排队管理系统，实现跨网点分流和预约叫号，缓解网点忙闲不均的矛盾	不断提升产品和服务的供应效率
截至 2010 年，招行的应用研发规模已突破 100 万个功能点，有近 800 项应用创新项目相继投入使用	会将全新的产品和服务商业化
为了调动创新积极性，招行制定了《招商银行产品创新奖励办法》，以通报、年度评比和奖励的形式激励全行进行产品创新	能不断创造新产品
能够对宏观环境、外部市场环境、竞争对手、客户以及自身能力进行分析研究，寻找银行未来的机会点和存在的问题	定期评估业务技术变化可能带来的影响
能够根据客户群需求的差异，对目标市场进行细分，评估每个细分市场的价值和招行的竞争优势	对所属行业非常熟悉，深入到每个细分领域

续表

典型引用	初始范畴（自由节点）
能够将收集到的客户、产品资料进行整理归纳，确定客户在产品、服务、价格、渠道等方面的具体要求和期望，从中发现新产品、新业务或者产品改善机会	经常对现有产品和服务进行改进
对新产品和服务持续跟踪和改进，根据客户和市场动态定期调整改进产品和服务	定期对现有产品和服务进行微调
招行根据业务发展的需要，能够率先引进国外已有的、相对比较成熟的创新产品，经过改进和完善后为本地推出新产品	会为本地市场引进经过改进的产品
越秀集团于1985年在香港成立，目前已成为广州市资产规模最大的国有企业集团和国内资产规模最大的地方驻港企业。截至2014年上半年，集团总资产超过2700亿元，通过近年的调整优化和转型发展，越秀集团现已形成一定规模的战略性新兴产业体系	有大量由管理层自由裁量的资源以支持新战略
公司层面构建了战略与投资管理体系，实现了战略研究与制定、战略动态管理和投资管理三大功能	能够立即获得资源以支持新战略
为了适应新业务、新产品的需要，能够不断梳理现有的组织架构和优化现有的业务流程	很容易改变既定程序去适应新产品的需要
越秀地产于2009开始全国化布局。目前业务已拓展到全国12个城市，并积极在海外布点；目前，地产土储约1600万平方米，年合同销售额150亿元，均为2008年年底的4倍左右	持续扩大市场经济规模
通过知识管理工作的不断开展深入，在全集团形成"共享、创新"的文化氛围。逐渐推广至板块下属公司，实现知识管理与业务流程的紧密结合	全员上下时刻准备贡献知识和经验以迎接新技术
从2008年开始，越秀集团启动三年结构调整优化，参与战略性重组，积极推进合资合作，主动退出酒店、国际工程和劳务、超市等业务，不断净化主业。经过三年的提升改造，越秀集团三大核心产业快速发展，总资产翻番增长，市场竞争力不断加强，集团的产业结构、资本结构和组织结构的调整优化取得了显著成就	基于新战略需要，公司愿意放弃现有投资
"不断超越，更加优秀"体现了一种发展的精神状态，通过时刻保持进取意识，持续提升运营效率，提升资产质量和经营质量，超越竞争对手，超越自我，最终化平庸为优秀，化优秀为卓越	不断提升产品和服务的供应效率
不断优化供应链上各节点流程，强化协同配合和交叉作业，缩短开发周期，加速资金周转，进而降低运营成本、提高项目收益	降低内部流程成本

第3章 动态能力视角下知识源战略对创新绩效的影响机制探索

续表

典型引用	初始范畴（自由节点）
公司拥有一支专业、高素质的人才队伍，包括一批在产品设计、投资管理、发行承销、收购兼并顾问、客户服务、风险控制等方面具有丰富经验的专家（招商证券）	公司拥有多种专业技术人才
公司投资银行业务突出中小企业市场能力、特色行业竞争力和优秀的承销能力，业务规模连年快速增长；零售经纪业务以领先的服务能力、便捷的交易方式，保持市场占有率的持续稳步增长；资产管理业务凭借快速的产品创新能力和良好的投资业绩，管理资产规模连续多年位居行业前列（招商证券）	公司不断扩大现有市场的经济规模
招商证券建立了完善的规章制度，实施覆盖全过程、专业化的风险识别、评估、监测、控制和反馈流程，并通过清晰、严格的问责管理制度予以预防，公司的内部控制水平得到监管部门及同业的高度评价	我们主动监测可能会影响公司业务的技术变化
招商证券不断贯彻"以顾客为关注焦点"的理念，在建立和提升与顾客的契合以长期赢得市场，在倾听顾客声音以改进和提升服务品质等方面，都建立了具有行业先进水平的卓越绩效模式	与爱好使用行业领先技术的客户密切联系
公司通过明确部门职责、工作过程和方式，倾听不同顾客群的声音，了解各类型客户的需求，来改善产品和服务	经常对现有产品和服务进行改进
针对机构客户，不但建立机构服务队伍，为机构客户提供投融资方案，还根据机构客户的需求反馈，不断增加市值管理、上市公司调研、路演等衍生服务	与爱好使用行业领先技术的客户密切联系
在产品创意、立项、定型过程中，充分了解客户需求，建立客户需求库，在深入了解金融市场、国际国内理财产品的基础上，建立资产数据库、理财产品数据库、基础产品数据库，通过强大的数据库支持，设计合乎市场需求、行业领先的创新产品	拥有领先的行业技术知识
公司要求VP级以上员工作为本业务领域的知识专家，必须在知识社区回答其他员工提出的业务问题；通过知识中心的各类知识主题活动，促进员工总结、分享、应用知识	我公司全员上下都时刻准备贡献知识和经验
2013年，招商证券出台了一系列创新激励措施，建立了创新共享平台，规范了创新活动管理流程，并成立了1亿元的创新发展基金，大力鼓励创新，尤其是原创型、自主型创新	有大量由管理层自由裁量的资源以支持新战略
对于我们而言，创新已不仅是一种态度，更是一种习惯	为了采纳新技术，我公司很容易更换知识能力集

资料来源：本书整理所得。

3.4.2 主轴译码

主轴译码是指将被分解的资料重新整合,通过运用因果条件、现象、脉络、行动/互动的策略和结果这一译码典范模型,将开放性译码中所得出的各项范畴联结在一起的过程。经过主轴译码将 NVIVO 数据库中的自由节点进一步归纳合并为多个主范畴和副范畴并形成树节点如表 3.3 所示。

表 3.3　　　　　　　主轴译码结果

副范畴及编码频次	主范畴
与领先客户、领先供应商、领先大学/机构联系密切;研发人员拥有多种专业知识	知识源广度
拥有丰富的行业技术知识;积累了丰富的行业管理经验;对所属行业非常熟悉;积累了丰富的行业市场经验	知识源深度
能够迅速辨别技术变化;主动监测影响业务环境和技术变化;定期评估业务技术变化可能带来的影响	感知能力
积极更换知识能力集;全员上下时刻准备贡献知识和经验以迎接新技术;很容易改变既定程序去适应新产品的需要;基于新战略需要,公司愿意放弃现有投资	转化能力
管理层可以自由裁量资源以支持新战略;拥有大量的整合资源,以支持公司的重要举措;能够立即获得资源以进入新的业务领域	资本能力
能为本地市场开发新产品和服务;能为客户创造新产品和服务;利用新市场的新机会;会将全新的产品和服务商业化;不断开拓新的分销渠道;不断接受新需求、寻找新客户	探索式创新绩效
经常为客户升级产品和服务;经常对现有产品和服务进行改进;不断提升产品和服务的供应效率;定期对现有产品和服务进行微调;会为本地市场引进经过改进的产品;持续扩大市场经济规模;降低内部流程成本	利用式创新绩效

3.4.3 选择性译码和扎根模型构建

选择性译码主要是从主范畴中挖掘核心范畴,深入讨论核心范畴

第3章 动态能力视角下知识源战略对创新绩效的影响机制探索

和主范畴以及其他范畴之间的关系，并用故事线的形式描述整体资料设计的现象或事件。选择性译码是对范畴的持续分析和集中，是对关系的进一步厘清和验证。

主范畴"知识源广度"与"知识源深度"归入"知识源战略"这一核心概念中；"探索式创新绩效"与"利用式创新绩效"都属于"企业创新绩效"；而"感知能力""转化能力"与"资本能力"则都属于组织中与知识和创新相关的各种动态能力，可归于企业的"动态能力"这一核心概念。

需要特别指出的是，通过深度访谈得知，"知识源战略"通过影响组织的"感知能力"和"转化能力"进而来影响企业的"创新绩效"，因此我们认为组织动态能力中的"感知能力"和"转化能力"在"知识源战略"与"创新绩效"中起到中介效应；而企业"创新绩效"与"知识源战略"之间的关系受到组织动态能力中"资本能力"的影响，"资本能力"影响"创新绩效"与"知识源战略"之间关系的方向和强弱，因此我们认为组织动态能力中的"资本能力"在"知识源战略"与"创新绩效"中起到调节效应。

从故事线分析得到的基本逻辑是：知识密集型服务企业通过知识源广度以及知识源深度提升企业的创新绩效，而组织动态能力在知识源战略与创新绩效之间或多或少地起到中介和调节作用。在三级编码结果的基础上，得到扎根模型如图3.2所示。

3.4.4 编码的信效度检验

以往研究认为，定量的内容分析技术需要选择大于或等于两人进行编码（Kolbe & Burnett, 1991）。本书共有三位人员参与编码，其中工商管理博士一名、信息科学博士一名、企业中层主管一名。在编码前，编码人员熟悉了编码方法的相关流程。整个编码过程分为两个阶段：第一阶段，三位编码人员在一起工作，本书作者对编码中的技

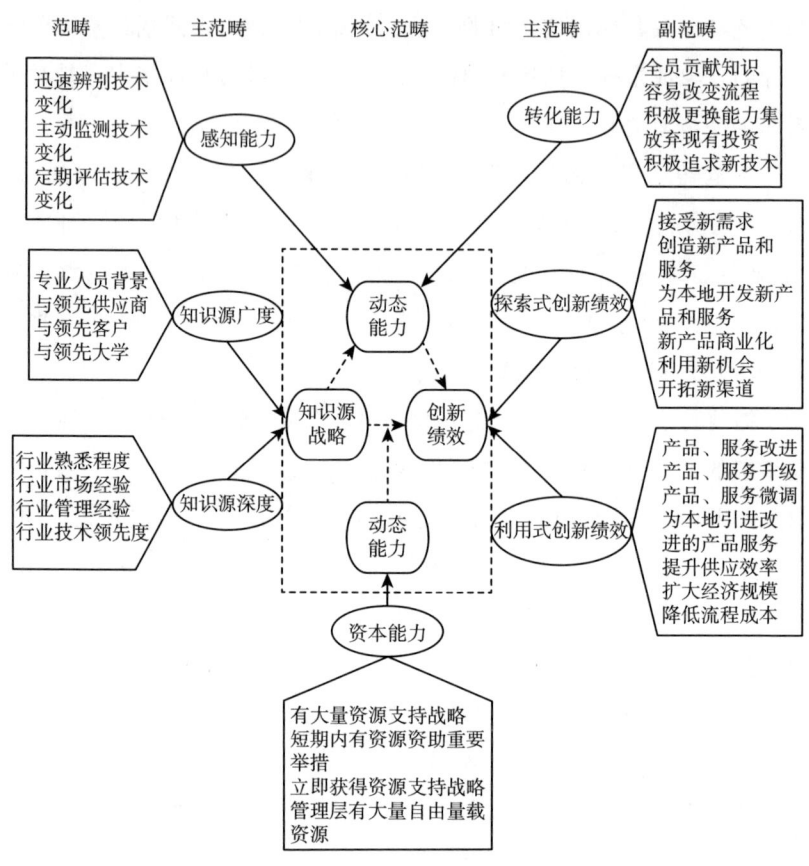

图 3.2 扎根模型

术问题和概念界定进行解释与回答;第二阶段,各自分别编码,以保证互不干扰且独立的编码过程。

(1) 信度检验。

通常在数据分析之前需要考察信度,而内容分析的信度是指不同的编码人员利用类目和分析单元将内容归入相同类目中,其所得结果的一致性程度(Weber & Simonov, 2012)。一致性越高,内容分析的信度越高,分析越精确客观(Chan, 1998)。本书以整理好的六份案例资料作为样本,由三位编码人员按照编码说明依次进行编码。之后,将三位编码人员所得的编码结果,依据 Holsti (1969) 提出的内

第3章 动态能力视角下知识源战略对创新绩效的影响机制探索

容分析法互相同意度及信度公式进行计算。

$$R = \frac{n \times \bar{K}}{1 + (n-1) \times \bar{K}} \quad (3.1)$$

$$K_{ij} = \frac{2M}{N_i + N_j} \quad (3.2)$$

$$\bar{K} = \frac{2\sum_{i=1}^{n}\sum_{j=1}^{n}K_{ij}}{n \times (n-1)}(i \neq j) \quad (3.3)$$

其中，R 为分析者信度；n 为参与编码人员的数量；$\bar{K}$ 为编码人员平均相互同意度；K_{ij} 为编码人员 i 与 j 的相互同意度；M 为编码人员 i 与 j 意见一致的项数；N_i 为编码人员 i 做出分析的总项数；N_j 为编码人员 j 做出分析的总项数。依据以上公式计算得出内容分析的一致性信度，如表3.4 和表3.5 所示。

表 3.4　　　　　　　　编码一致性系数表

维度	知识源广度	知识源深度	探索式创新绩效	利用式创新绩效
一致性维度	0.82	0.86	0.89	0.87

表 3.5　　　　　　　　编码一致性系数表

维度	感知能力	转化能力	资本能力	其他特征
一致性维度	0.80	0.85	0.91	0.00

多数学者认为，内容分析编码一致性系数在 0.8 以上为可接受水平。本书编码的各维度一致性系数均达到可以接受水平，平均的 $\bar{K}$ 也大于 0.82。因此，本书后继的研究分析以三名编码人员的共同编码结果作为研究依据。编码人员针对每一份数据资料进行分析，在编码表上对应类目字段进行标记。当编码人员意见有歧义时，必须进行讨论，以三人共同意见作为编码结果。

（2）效度检验。

编码效度反映的是编码子条目在多大程度上代表了对象的真实含义。在内容分析中，通常运用内容效度评价由概念到指标的推演是否符合逻辑，因此内容效度反映了某个内容类别的编码单元能够表达该类别内涵的程度。本部分通过计算内容效度比（conient validity radio，CVR）来检验编码结果的效度。其计算公式如下。

$$CVR = \frac{ne - N/2}{N/2} \tag{3.4}$$

其中，ne 表示认为某个编码项目能够很好地反映内容分类内涵的编码者人数，N 表示编码者总人数。当 CVR 值为正时，表示认为归类适当的人数超过一半；当 CVR 值为负时，表示认为归类适当的编码者未超过半数；当 CVR 值为零时，表示认为归类适当和不适当的编码人数相等。根据上述方法，本书计算了三位编码人员独立编码的 CVR 值。其中，92% 编码单元的 CVR 值在 0.8~1，5% 编码单元的 CVR 值在 0.5~0.8，表明编码结果的内容效度较为理想。

3.5 本章小结

本章通过多案例探索性研究，利用扎根研究的原则和程序，对多个知识密集型服务企业的相关质性数据进行收集、分析和整理，旨在探索知识密集型服务企业的知识源战略、组织动态能力对创新绩效的影响机制。通过使用质性研究软件 NVIVO 8.0 辅助完成了数据的存储、编码和研究工作，同时，本书还对编码结果进行了信效度检验。

本章研究制定了半结构化访谈提纲，共调研了六家知识密集型服务企业，并且收集了样本企业的年度报告、董事会报告，以及与知识管理、创新绩效、动态能力等相关的内、外部报道和信息。并以华为技术和招商证券为案例进行了详细剖析，数据分析时则使用了全部六个案例的质性资料。通过三级编码得到三个核心范畴，即知识源战略、动态能力与创新绩效。在此基础上初步探讨了三个核心范畴之间的关系，构建了知识源战略、动态能力与创新绩效影响关系的扎根模型。

扎根研究结果发现，知识密集型服务企业通过扩展知识源的广度和深度，包括使内部研发人员具有多种专业背景知识、与领先供应商密切联系，与领先客户密切联系、与领先研究型大学密切联系、获取大量行业市场经验、掌握全面行业管理知识、拥有丰富技术知识等一系列举措，能够不断创造新产品和服务、为本地市场客户化定制、将全新产品和服务商业化、利用新市场新机会和不断开拓新的分销渠道，从而持续提升企业的探索式创新绩效，同时，也能够实现对现有产品和服务的改进、经常推出升级产品和服务、不断提升供应效率、扩大现有规模和降低内部流程成本，从而持续提升企业的利用式创新绩效。此外，企业知识源战略通过提升组织的感知能力和转化能力，即更早甄别技术变化、定期评估技术影响、积极更换知识能力集、容易改变既定程序、全员知识共享等各项组织能力，进而提升企业的创新绩效；组织的资本能力，包括有大量资源支持重大战略、短期内可获得资本支持重要举措、管理层有自由量裁的资源等内容，对知识源战略与创新绩效关系起调节作用。

动态能力视角下知识源战略对创新绩效的多维度影响
Chapter 4

第4章 动态能力视角下知识源战略与创新绩效的多维度模型建构

在明晰了知识源战略、动态能力与创新绩效的各维度之后，本章需要解决的问题是"知识源战略对创新绩效的影响以及动态能力在其中的多重中介和调节机制"。具体而言，本章将分别从知识源战略的广度、深度和平衡、动态能力的感知能力、转化能力和资本能力，以及探索式创新绩效和利用式创新绩效各维度进行多维度模型的建构。其主要关系包括：①从知识与创新理论研究视角出发，建构"知识源战略（广度/深度/平衡）→创新绩效（探索式创新/利用式创新）"的多维度研究模型；②从基于动态能力的知识源战略视角出发，探究"知识源战略→感知能力/转化能力→创新绩效"的多重中介路径；③试图考察动态能力中的资本能力在知识源战略与创新绩效多维度关系中的调节影响。

4.1 知识源战略与创新绩效关系

在第 2 章文献回顾与第 3 章质性分析的基础上，本章将知识源战略的维度界定为知识源广度、知识源深度和知识源平衡，将创新绩效的维度界定为探索式创新绩效和利用式创新绩效。因此，本章围绕知识源战略与创新绩效各维度，详细探讨两者各维度之间的关系进而提出理论假设。

4.1.1 知识源广度与创新绩效关系

组织学习理论认为，未来竞争优势的唯一来源是组织所拥有的知识及组织能够较其竞争对手拥有的更快学习的能力（Senge，1990）。通过对以往文献的综述，我们认为知识源广度可以通过四个方面的机制正向影响企业的创新绩效。

第一，一个企业拥有的知识源的个数或渠道越多，该企业所拥有

第4章 动态能力视角下知识源战略与创新绩效的多维度模型建构

的知识储备量就越大,知识的异质性就越强,而这些新颖的、异质化的知识对企业解决问题,尤其是解决非常规问题十分必要。其中某些知识可以帮助企业锁定"资源位置"和识别"资源质量"(Salavisa,Sousa & Fontes,2012),一旦在产品开发中遇到问题,可以快速地整合多方资源,提供多种选择方案。这也正是所谓的"多样化选择效应"的进化理论。

第二,企业拥有的知识源的数量和渠道越多,它重组和整合各种知识的机会就越多。而创新历来被认为是对已知知识和陌生知识的重新组合(Katila & Ahuja,2002;Henderson & Clark,1990),多样性的知识来源使企业有更多的机会对知识进行互补地、新颖地重组,这将极大地推动新产品的研发(Becker & Dietz,2004)。

第三,企业拥有的知识源的数量和渠道越多,其信息捕捉的区域就越广(Burt,1992),掌握的信息量也就会越大,而这些信息能够激发更多的新想法、新思维和新视角,从而为企业带来创新的源动力。Hargadon 和 Bechky(2006)指出,与多种类型的外部知识源进行接触,能给企业带来更多的新技术和顾客解决方案,从而有利于企业的创新绩效。

第四,企业拥有较多的知识源或渠道,能够获取创新活动中从研发、制造、营销、财务到其他技术商业化环节所需的各种互补性知识与信息(Rothaermel,2001),从而降低创新成本,使它们专注于某一个或少数几个技术领域,进而能缩短创新周期,提高创新效率(Narula,2004;Postrel,2002)。Kessler 和 Chakrabarti(1996)研究表明获取和利用外部有价值的技术资源,可以节省内部研发所需要的时间和成本,加快创新速度、提升创新效率。

从以上四种机制可以看出,当一个企业拥有的知识源越广时,企业的创新绩效可能就越高。基于以上分析,提出如下研究假设:

假设1a:知识源广度对探索式创新绩效具有显著正向影响。

假设1b:知识源广度对利用式创新绩效具有显著正向影响。

然而，也有学者提出过宽的知识广度会产生一定的负面作用。首先，随着知识源广度的增加，信息冗余越来越多，会造成交易成本、管理成本和维护成本的增大。具体而言，在与外部知识源之间建立普遍的规范、习惯，需要花费一定的时间和精力，而对于管理者来说，在深入对外关系之前，很难鉴定哪个外部关系是最有意义的（Laursen & Salter，2006）。而且信息的冗余对管理也是一个挑战，容易造成信息过载，反而适得其反。其次，随着知识源广度的增加，信息的可信性逐步受到威胁，企业探索新技术的不确定性风险增大。因为并不是所有的信息都是有效信息，尤其在合作程度不深入的情况下，只有极少的信息是可信的（Koput，1997）。随着信息信度的减弱，这种冗余信息会对产品的研发、改进产生负面作用（Katila & Ahuja，2002），信息的多元性随之也会带来单一信息价值的不确定，从而带来结果的不确定（Fleming & Sorenson，2004）。在错误的时间或者错误的地方产生的创新想法，会对结果起到负面作用。最后，过宽的知识广度也可能导致需要整合的不同范式新知识比例增加，增大企业对新技术的陌生程度，企业为全面理解和开发新技术不得不付出巨大的学习和研发成本。扩大整合的难度与成本，以及获取的知识可能超越企业吸收能力的负载等问题，都会降低企业创新绩效。因此，当知识源的广度超出一定范围后，企业的创新绩效反而会下降。基于以上分析，提出如下研究假设：

假设1c：过宽的知识源广度对探索式创新绩效具有显著负向影响。

假设1d：过宽的知识源广度对利用式创新绩效具有显著负向影响。

4.1.2 知识源深度与创新绩效关系

同样，随着知识源深度的不断加深，企业的创新绩效也会得到提

第4章 动态能力视角下知识源战略与创新绩效的多维度模型建构

高。通过对以往文献的综述，我们认为知识源深度可以通过四个方面机制正向影响企业的创新绩效：

第一，随着对知识源利用的程度和频率的增加，企业对知识源能够有更好的辨别和预测能力，对于相同产品或者类似产品，搜寻知识的类型可以有规律可循，从而提升创新绩效。Levinthal 和 March（1981）指出对相同知识进行重复搜索和利用，可以使企业有效降低搜索中形成的错误，形成特定的搜索路径，增加搜索的可信任性，从而提升创新效率。

第二，随着对知识源不断深入了解，可以促进产品研发问题分解成若干个子问题，而这些子问题会更加有序排序，使解决问题的效率得到提高，从而提升新产品开发的效率（Eisenhardt & Tabrizi, 1995）。

第三，对同源知识长时间的使用和再利用，不仅可以对原有概念有更深刻的理解，而且可以使企业从这些知识中剥离出更加有价值的知识，进而在各种知识之间建立联系并进行重组，从而提升企业的创新绩效（Katila & Ahuja, 2002）。

第四，通过对同源知识的长期使用和挖掘，企业逐步建立了深厚的知识基础，才能够对其所处技术领域的各类知识有深刻的认识并加以合理的应用，从而进行技术创新。苏楠和吴贵生（2011）提出突破性创新的成功与否，在一定程度上取决于企业充分认识和挖掘领先用户的程度以及领先用户与企业的合作程度。

从以上四种机制可以看出，当一个企业拥有的知识源越深，企业的创新绩效可能就越高。基于以上分析，提出如下研究假设：

假设2a：知识源深度对探索式创新绩效具有显著正向影响。

假设2b：知识源深度对利用式创新绩效具有显著正向影响。

然而，也有学者提出过深的知识源对创新绩效会产生消极的作用，主要原因归纳如下：第一，每一个知识轨道都有绩效极限，在达到绩效极限之前增加在轨道内的投入是可能的，并将使绩效上升,但随着投入的增多,绩效产出的增量将是减少的,当达到某一点后,给予相同知识更多的投入将使努力变得昂贵和解决方案变得复杂,终将使成本超过收益(Dosi,1988)。第二,过度关注于某一类知识的挖掘,可能使企业没有更多的精力去关注其他方面的知识,这种惯性的产生使企业成员在使用以前的解决方法时规避现存问题(Katila & Ahuja,2002)。第三,随着知识源深度的增加,企业在现有基础上发现新突破点的可能性也会相应降低。当技术环境发生变化时,企业由于只专注于某个技术领域,致使企业将无法适应技术的快速发展,容易陷入能力陷阱(competency traps)与核心刚性(rigidity),最终导致企业的技术创新降低。基于以上分析,提出如下研究假设:

假设2c:过深的知识源深度对探索式创新绩效具有显著负向影响。

假设2d:过深的知识源深度对利用式创新绩效具有显著负向影响。

4.1.3 知识源平衡与创新绩效关系

"双元"(ambidexterity)组织理论由 March 于1991年首次提出,该理论认为探索式学习和利用式学习两种不同形式的学习行为共同存在于同一个组织中并同时竞争组织的稀缺资源,更多的资源投入探索式学习则更少的资源投入利用式学习,或者相反,因而两者需要适度平衡。此后,越来越多的学者将"双元"理论作为一种研究视角并应用于多个研究领域,如开放式创新(Ferrary,2011)、组织跨边界学习(Russo & Vurro,2010)、创新团队(Kostopoulos & Bozionelos,2011;McCarthy & Gordon,2011)、产业升级(赵付春和凌鸿,2011)、持续创业(王丽平、李乃秋和许正中,2011)、全面质量管理(Luzon & Pasola,2011)等。其中,一些学者着眼于"双元平衡"

第4章 动态能力视角下知识源战略与创新绩效的多维度模型建构

的对立关系，认为探索式与利用式两种创新行为对组织的要求是一种"张力"，本质上难以协调，所以追求"双元平衡"可能会对组织绩效产生负向影响（Ghemawat，1993）。不同于这一观点，有部分学者则注意到，平衡这两类创新行为会有利于综合发挥每类创新行为的优势，由此使企业得到最佳的创新效果（Aubry & Lièvre, 2010; Cao, Gedajlovic & Zhang, 2009; He & Wong, 2004; Ho, Fang & Lin, 2011; Lubatkin et al., 2006; Su et al., 2011; 沈灏、李垣和蔡昊，2008）。因此，本书试图借鉴"双元"组织理论，探究知识源平衡与创新绩效的关系。

当企业利用新知识源探索知识时将降低在原有知识通道中挖掘的深度与速度，而当在原有知识源中对已有知识进行挖掘时将减少从其他新知识源中获取新概念、新想法的机会。因此，平衡知识源广度与深度的问题在于是利用新知识源进行新技术与新知识的探索还是在原有知识通道中频繁而强烈地对现有知识进行挖掘。本书认为知识源平衡有利于企业创新绩效的提升，主要原因有以下三点：第一，无论是开拓知识源的广度还是挖掘知识源的深度，这两种行为都具有自增强性与路径依赖性，从而导致过宽的知识源广度或过深的知识源深度。而过宽的知识源广度会对组织绩效带来负向影响：其一是会耗费组织大量的资源；其二是探索中失败概率高，收益不确定性高。组织如果将有限资源过多地集中于拓宽知识源广度中，会使其陷入"创新陷阱"，形成"探索—失败—无回报变革"的恶性循环（Gupta, Smith & Shalley, 2006；张玉利和李乾文，2006），从而产生"过犹不及"的效应，给创新绩效带来负向影响。而过多的挖掘知识源深度会使企业锁定在已经形成的某种能力格局之中，难以动态地适应环境的变迁。可以认为，知识源广度与深度"双元"的平衡，是阴阳关系原理的体现。第二，对于大多数企业，所拥有知识源的广度与深度同时竞争组织的资源。投入更多的资源来探索知识源的广度很可能会导致投入较少的资源来挖掘知识源的深度，或者相反，因而组织需要对知识源的广度和深度两维水平进行宏观总体平衡（Katila & Ahuja, 2002）。第三，组织行为学代表人物 Ocasio（1997）基于组织注意力视角提出领导者注意力是组织中最稀缺的资源，领导者需要集中他们的注意力在有限的事件上，显然，企业知识源广度与深度共同竞争组织注意力资源，即搜索越宽广的企业搜索的深度越浅，而搜索越深的企业可能搜索的宽幅越窄。因此，组织需要科学分配注意力资源以维持知识源广度与深度的平衡，从而持续提升组织的创新绩效。基于以上分析，提出如下研究假设：

假设3a：知识源广度与知识源深度的平衡对探索式创新绩效具有显著正向影响。

假设3b：知识源广度与知识源深度的平衡对利用式创新绩效具有显著正向影响。

4.2 知识源战略与感知能力及创新绩效

在知识源与创新绩效的相关研究中，一些学者围绕知识源与感知能力、感知能力与创新绩效的关系展开研究，他们的研究成果为考察感知能力在知识源与创新绩效之间的中介作用提供了理论支撑。

4.2.1 知识源战略与感知能力

知识源广度和深度决定了资源的交流与知识的共享，促进了企业利用知识源获取和分享有关的知识和信息，从客户、竞争对手、供应商、研发机构等外部组织那里了解各种产品市场和技术进展方面的信息，从而可以增加企业对市场变化的敏感度，为产品技术创新升级提供空间和机会，同时在很大程度上又降低了环境不确定性带来的风险。金昕、陈松和徐劲松（2014）提出企业网络能够使企业获取信息和网络伙伴的资源，以更好地捕捉市场变化机遇，学习新技术，开发新产品，进行组织变革，进而加速企业的成长。Zahra，Sapienza 和 Davidsson（2006）认为对顾客、供应商、竞争企业、研究机构、大学、中介机构等行业内及行业外的不同知识来源进行非正式知识搜索，能获得更多与创新活动相关的知识与信息。例如，工作机会、市场未来发展趋势、机器设备性能、新材料和新行业法规等信息可以帮助企业发现和识别市场与技术机会，或被直接用来协助新产品开发活动、挺高决策效率（Granovetter，1973）。Winter（2003）认为，对于市场的理解能力可以从企业对机会的发现及鉴别能力中略见一斑，因而，需要企业具有高度的环境洞察能力，采取适时的改变以及转移战略来适应市场环境的动态性，唯此，这样的企业才能保持竞争优势，企业的获利能力及成长潜力才能得以延续。

4.2.2 感知能力与创新绩效

感知能力是企业感知机会的能力，是一种扫描、创造、学习和解释性的活动。对机会的感知和塑造，包含对市场和技术的扫描、搜寻和探索等一系列活动（Teece，2007）。对环境和市场机会的感应与把握，要求企业不断地了解市场与顾客的真正需求、产业的结构性变化以及其他利益相关者的反应。感知和搜寻外部环境机会的能力，是企业更新能力的组成部分（Danneels，2008；Teece，2007）。企业对环境的感应活动使企业能够为其持续成长而利用新的机会，使企业在环境的适应中取得成长。环境感应有助于企业在快速变化的环境中进行战略调整（Kwon，2013）。通过感知机会，使企业能够应对环境变化、改变惯例，对知识和信息进行及时更新和应用，进而提出新的决策方案，从而为企业创新绩效的提升提供了可能（Eisenhardt & Martin，2000；Teece，2007）。

基于以上分析，提出如下假设：

假设 4a：感知能力在知识源广度与探索式创新绩效间起到中介作用。

假设 4b：感知能力在知识源广度与利用式创新绩效间起到中介作用。

假设 4c：感知能力在知识源深度与探索式创新绩效间起到中介作用。

假设 4d：感知能力在知识源深度与利用式创新绩效间起到中介作用。

4.3 知识源战略与转化能力及创新绩效

根据 Baron 和 Kenny（1986）的解释，中介变量（mediator）是自变量对因变量发生影响的中介，是自变量对因变量产生影响的实质原因，是自变量通过中介变量对因变量产生作用（温忠麟和侯杰泰，2004）。本书将据此对转化能力在知识源战略与创新绩效关系之间的中介作用进行分析。

4.3.1 知识源战略与转化能力

企业感知变化、利用机会和重构资源的能力，来源于组织持续不断的学习（Teece, Pisano & Shuen, 1997）。组织学习的方式主要有内部分享和外部获取（Yinglei, Peter & Darren, 2014），因此企业内外部知识源对组织的转化能力具有促进作用。企业的成功，特别是早期的成功取决于在复杂多变的环境中把握机遇的能力，正是依靠对环境的动态反应和及时抓住机遇的能力，这些企业获得了成功（Pavlou, 2004）。企业的快速转化能力，使企业能够应对环境变化对知识和信息进行及时更新和应用，从而帮助企业在众多竞争者中率先开拓新的市场或研发出满足新需求的新产品和服务,维持和不断地提升企业的创新绩效水平(Eisenhardt & Martin,2000)。

4.3.2 转化能力与创新绩效

Teece(2007)对转化能力的表述是企业把握机会的能力,是企业将机会变成现实的能力,是企业通过对新事物(新产品、新流程、新服务)的认识,对其进行开发并商业化的过程。企业发现机会后,快速、准确地把握,制订战略计划,并能够随着环境的变化随时做出相应的调整。转化能力是企业对现有的和新兴的设计和技术进行评估,对其进行投入,以便获得市场的接受。Mcgrath(2001)认为组织应对环境变化的有效反应是找到新的组织惯例,发现新的技术、业务、流程和产品。这些新的事务,是企业得以生存和成长的基础。Sharfman和Dean(1997)认为转化能力表现为开放性和递归性,开放性是决策者对新观念和信息源的开放;递归性是决策者注重计划与执行之间的互动,能够大幅地提高决策过程的灵活性和适应性。因此,转化能力能够帮助企业实现创新绩效的改善。

按照对中介效应的检验方法的分析(温忠麟和侯杰泰,2005)及前面论述,本书认为知识源战略对企业创新绩效的影响机制是通过影响转化能力实现的,转化能力在知识源战略与企业创新绩效之间具有中介效应。由此,提出如下假设:

假设5a:转化能力在知识源广度与探索式创新绩效间起到中介作用。

假设5b:转化能力在知识源广度与利用式创新绩效间起到中介作用。

假设5c:转化能力在知识源深度与探索式创新绩效间起到中介作用。

假设5d：转化能力在知识源深度与利用式创新绩效间起到中介作用。

4.4 资本能力的跨纬度调节作用

资本能力是组织利用各种资源实现其目标的能力。Teece认为是对企业资产进行重新配置和对组织结构重新组合的能力，是企业进行战略重构和资产重组的能力。企业要实现成长目标需要对资源进行重构的能力。资源重构是更新或升级现有资源或储备新的资源，是企业保持已有资源与新资源平衡的过程。同时，这种重构也是企业摆脱路径依赖和阻碍发展的惯例的过程。这个过程可以是渐进式的，也可以是激进式的，无论哪一种都会给企业带来深刻变化。企业在破除旧的惯例，形成新的惯例的过程中实现成长。

Penrose（1996）指出，企业的成长主要取决于能否更为有效地利用现有资源。Achrol（1991）认为，在高动态环境下，环境的剧烈变化会降低甚至完全抵消企业现有资源能力的价值，使现存资源能力以及知识随着环境的动态变化迅速贬值或失去时效。因此，快速变化的环境为竞争企业产生了难得的机会窗口，凸显资源能力的更新所带来的经营优势和所创造价值的潜力（Smith & Reinertsen，1992）。当现有资源和能力不能适应环境变化的新要求时，企业需要迅速实现资源的重新协调和配置，创造性破坏失效过时的竞争优势并重构企业核心竞争力。因此，本书提出如下假设：

假设6a：资本能力正向调节知识源广度与探索式创新绩效之间的关系。

假设6b：资本能力正向调节知识源广度与利用式创新绩效之间的关系。

假设6c：资本能力正向调节知识源深度与探索式创新绩效之间

的关系。

假设 6d：资本能力正向调节知识源深度与利用式创新绩效之间的关系。

4.5 知识源战略、动态能力与创新绩效的关系模型

在快速变化的环境中，知识的持续获取与技术的不断创新俨然已经成为现代企业获得可持续竞争优势的关键因素，对于以知识和技术为载体的知识密集型服务业则提出了更高的要求。在不同的文化、行业背景下，影响创新绩效的因素和作用机制可能存在差异。一些顶尖学者也指出，由于创新与外部环境是动态交互的，探索创新与相关要素的动态演化关系将是未来深化创新理论研究的关键步骤（Zhou et al.，2009）。

概况而言，本书拟解决的主要问题包括：其一，中国情境下知识源战略、动态能力与创新绩效的内涵及测量模型如何；其二，中国知识密集型服务企业的知识源战略影响创新绩效的过程机制如何，不同维度的作用路径之间是否存在差异；其三，组织动态能力在知识源战略与创新绩效各维度的多重中介及调节机制如何，不同维度之间是否存在差异；其四，知识源战略与创新绩效之间的关系如何动态演化。整体研究框架主要分为三个子模块：

（1）中国情境下知识源战略、动态能力与创新绩效的内涵及测量模型探索。

在以往研究的基础上，结合中国知识密集型服务企业的实际情况，根据案例研究和扎根理论的质性分析开发量表，并采用大样本调研数据对测量量表进行实证检验。

（2）知识源战略、动态能力与创新绩效的多维度关系模型验证。

在知识源对创新绩效关系的以往研究中，绝大多数学者仅从单一

维度关注两者之间的关系,并缺乏对其他因素的探讨,最终影响到研究结论的准确性。本书拟采用多维度建模方法,分别从知识源战略(广度/深度/平衡)、动态能力(感知能力/转化能力/资本能力)和创新绩效(探索式创新绩效/利用式创新绩效)多个维度开展建构和验证工作。其重要研究问题包括:①知识源战略(广度/深度/平衡)对创新绩效(探索式创新绩效/利用式创新绩效)的影响,并对比不同维度之间作用关系的差异;②考察"知识源战略→感知能力/转化能力→创新绩效"的中介路径,并对比差异;③考察资本能力对知识源战略与创新绩效不同维度关系间的调节作用,并对比作用关系的差异。

(3)知识源战略与创新绩效关系的动态演化研究。

已有的经验研究表明,知识源战略与创新绩效之间存在静态的相关关系,但仅从静态分析视角出发,无法准确描述两者之间相互关系的动态演化规律。本书拟根据遍历理论,采用机器学习方法并借鉴适合度景观理论对知识源战略与创新绩效关系的动态演化进行描述和分析。

静态关系研究模型见图4.1,动态演化研究模型见图4.2。

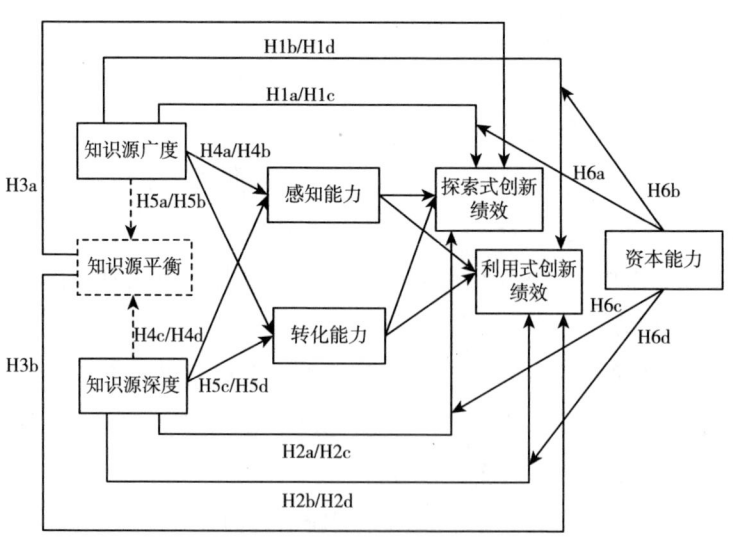

图4.1 静态关系研究模型

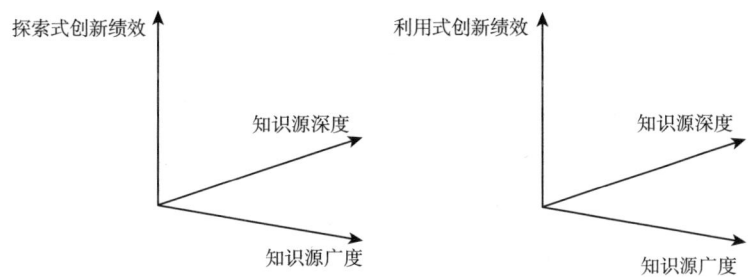

图 4.2 动态演化研究模型

4.6 本章小结

在第 2 章关于知识源战略、动态能力与创新绩效的文献回顾和第 3 章多案例分析与扎根理论相结合的质性分析的基础上,本章展开了理论模型的建构工作。具体而言,从静态关系视角,通过理论推演建构了"动态能力视角下知识源战略与创新绩效的多维度理论模型";基于动态研究视角,提出了知识源战略与创新绩效关系的动态研究模型。本书的第 5 章和第 6 章将分别从静态及动态视角,围绕以上问题展开研究工作,深入探讨中国知识密集型服务企业动态能力视角下知识源战略与创新绩效的多维度关系演化规律。

动态能力视角下知识源战略对创新绩效的多维度影响
Chapter 5

第5章 动态能力视角下知识源战略与创新绩效的多维度模型验证

本章研究目的在于通过对大样本调查数据的统计分析，验证知识源战略、动态能力与创新绩效的多维度关系。其主体内容包括：验证知识源战略（广度/深度/平衡）与创新绩效（探索式创新/利用式创新）的关系并作比较分析[①]；验证"知识源战略→感知能力/转化能力→创新绩效"的中介路径并作比较分析[②]；验证资本能力在知识源战略与创新绩效关系间的调节作用。

5.1 研究方法

5.1.1 量化分析方法

在量化研究方法方面，本书主要采用了描述性统计分析、探索性因素分析、验证性因素分析、逐步多元回归分析和结构方程等多种方法相结合的方法。

描述性统计分析是指对样本的基本信息包括企业性质、行业属性、成立时间和企业规模等进行初步统计分析，对于样本的各统计变量计算其最大值、最小值、均值、标准差，从中能够对样本的总体情况有大致的了解。

探索性因素分析（exploratory factor analysis，EFA）是测量量表准确度的一种常见方法，它通过因子载荷找出影响观测变量的因子个数，以识别观测变量的内在结构，并对指标变量进行删减或增补。本书采用探索性因素分析初步确立了知识源战略、动态能力与创新绩效的各个维度和测量题项。

[①] 知识源战略对创新绩效作用的核心内容，发表在"Management Decision"（SSCI）2015年第十期。

[②] 知识源战略、动态能力对探索式创新绩效的影响，已发表在《科研管理》2015年第二期。

第 5 章 动态能力视角下知识源战略与创新绩效的多维度模型验证

验证性因素分析（confirmatory factor analysis，CFA）通过测量观测变量与假设模型的一致性程度，以检验测量的构思效度（Campbell & Fiske，1959）。本书在探索性因子分析的基础上通过验证性因子分析，进一步检验了知识源战略、动态能力和创新绩效各变量的构思信度与效度。

逐步多元回归分析（stepwise multiple regression analysis）也称为统计回归分析（statistical regression analysis），是从多个自变量中找出对效标变量最具有预测力的自变量以构建一个最佳的回归分析模型（吴明隆，2010）。本书通过逐步多元回归，验证了"知识源战略→感知能力/转化能力→创新绩效"的关系；检验了资本能力在知识源战略与创新绩效关系间的调节作用；对比分析了知识源战略（广度/深度/平衡）与创新绩效（探索式创新/利用式创新）之间的关系。

结构方程模型分析除了具有多元线性回归分析法的功能外，还可以同时处理多个因变量、同时估计因子结构和因子关系、估计整个模型的拟合程度等。在本书中，主要应用结构方程模型分析各变量指标的拟合度。

5.1.2 数据处理工具

该部分研究中主要采用了 SPSS 18.0 和 AMOS 17.0 软件包进行描述性统计分析、探索性因子分析和验证性因子分析、逐步多元回归分析，以及结构方程分析。

5.2 调查问卷设计

5.2.1 共同方法偏差的处理

共同方法偏差（common method biases）是指由于同样的数据来

源或评分者、同样的测量环境、项目语境以及项目本身特征所造成的预测变量与校标变量之间人为的共变。这种共变是一种系统误差，可能对研究结果产生严重的混淆并对结论有潜在的误导。

在采用调查问卷法进行的研究中，特别是包含大量主观测量题项的问卷研究中，共同方法偏差通常会广泛存在。共同方法偏差主要来源于以下几个方面：

（1）社会称许性（social desirability）是指个体的行为由于受到文化价值观的影响而趋同于社会所接收的方式和程度（Crowne，1991）。一些受测者在对项目反应时更多地考虑社会能否接受，而非依据其自身的真实感受，这种现象将降低数据的真实性。

（2）晕轮效应（halo effects）是指个体在反应过程中有对类似的问题保持回答的一致性或按一致性的意愿组织信息的倾向，即通常所说的以点概面或以偏概全。

（3）默认（acquiescence）是指受测者在回答问卷时不考虑问项的具体内容而回答"同意"或"不同意"的倾向，从而很容易造成构念之间的虚假相关。

（4）宽大效应（leniency effect）是指评分者自身倾向于过高或过低评分的特质。

（5）项目特征包括由于项目的复杂性与模糊性、量表格式与标定、消极用语等造成的人为共变。

程序控制和统计控制是降低共同方法偏差的两类通用办法。程序控制的关键是识别预测与校标变量在测量上的共同之处，进而通过研究设计消除和减少这种影响。程序控制的方法主要是从不同来源测量预测变量和校标变量；平衡预测与校标变量的测量顺序，以便控制项目启动效应、项目语境诱发的情绪效应以及项目嵌套有关的偏差。在统计控制的方法中，最常用的是 Harman 单因素检验法。其通常的检验程序是将所有的变量放到一个探索性因子分析中，检验未旋转的因素分析结果，确定解释变量变异必需的最少因子数目；如果只析出一个因子或者某个因子解释力特别大,即可判定存在严重的共同方法偏差(刘军,2008)。

为了降低共同方法偏差,本书采取了如下方法:

(1) 在问卷的指导语处说明本次问卷调查的纯学术研究目的,并做出保密承诺。

(2) 在问卷的发放和回收过程中,尽量采取现场发放并现场回收的问卷调查方式。

(3) 在量表的测量题项上,尽量使用客观语言进行表达,并通过设置反向题项来推断和验证数据的真实性,以筛选合适的问卷。

(4) 在测量量表的评分设计方面,对不同维度的测量题项分别采用了五点量表法和七点量表法。

(5) 在统计控制方面,采用 Harman 单因素检验方法对样本数据进行检验。

5.2.2　测量工具的选择和修正

(1) 知识源战略量表。

根据第 2 章中知识源战略变量的维度界定,本书将知识源战略划分为知识源广度和知识源深度两个维度。对于知识源广度和知识源深度的衡量,已有研究主要通过组织所获取的知识源的数量程度或专利的引用数来衡量(Mol & Birkinshaw,2009)。采用组织所获取的知识源的数量和程度来衡量知识源广度与深度的缺陷在于由于缺少成熟量表所导致的数据结构的不稳定性。采用新专利的引用比例来衡量知识源广度和专利引用的重复率来衡量知识源深度的缺陷在于由于企业申请和引用专利积极性的差异会影响指标测量的准确度。因此,本书对知识源广度和深度的测评主要参考了 Zhou 和 Li(2012)所开发量表中的七个关于知识广度和深度的测量条目。在该量表中,知识广度包括三个测量题项,Cronbach's alpha 系数为 0.80;知识深度包括四个测量题项，Cronbach's alpha 系数为 0.84。本书在 Zhou 和 Li（2012）测量条目的基础上，结合多案例研究方法和扎根理论进行质性分析（详见第 3 章），最终形成了适合中国情景的知识源战略初始量表，共包括八个测度题项，采用 Likert-7 级评分量表，具体内容见表 5.1。

表 5.1　知识源战略的测量条款

序号	测量条款
KB1	我公司拥有多种专业技术人才
KB2	我公司注意保持与领先技术供应商的密切联系
KB3	我公司与爱好使用行业领先技术的客户密切联系
KB4	我公司注意保持与领先的研究型大学/机构密切联系
KD1	我公司对所属行业和领域非常熟悉
KD2	我公司积累了丰富的行业市场经验
KD3	我公司积累了丰富的行业管理知识
KD4	我公司拥有领先的行业技术知识

（2）创新绩效量表。

根据第 2 章中企业创新绩效的维度界定，本书将创新绩效划分为探索式创新绩效和利用式创新绩效两个维度。在企业创新绩效的研究中，比较普遍的做法是采用专利数作为衡量指标（Ahuja, 2000; Russo & Vurro, 2010; Sørensen & Stuart, 2000）。然而，使用专利数来测量创新绩效存在一定缺陷（Moser, 2013; Griliches, 1990）。首先，由于获取专利的标准比较高，不能反映一些改良性创新，因而在一定程度上会低估企业的创新绩效；其次，由于申请专利需要一定的时间和成本，企业申请专利的积极性存在一定差异，中国企业普遍存在专利保护意识薄弱的现象；最后，某些企业出于战略原因不愿对创新产出申请专利，如防范信息过早外泄，也会影响这一指标测量创新绩效的准确性，因此本书未选用专利指标。此外，考虑到本书样本中

第5章 动态能力视角下知识源战略与创新绩效的多维度模型验证

的大部分企业并非上市公司,很难获得公开的客观财务数据,而之前已有研究发现,客观绩效数据和主观绩效数据之间存在相关性,在难以获得客观财务数据的情况下,我们参照现有学者的通常做法(Zhou & Li, 2012; Bell, 2005; Christensen, 2000; Atuahene-Gima, 2005),采用多重指标的主观评价法对创新绩效进行测量。本书主要参考了 Atuahene-Gima(2005)的成熟量表,该量表中关于创新绩效共包括8个测量条目,平均信度为0.78。在具体测量条款上,本书通过第3章的多案例研究和扎根理论进行质性分析,最终形成了适合中国企业情景的创新绩效初始量表,共包括14个测度题项,采用Likert-5级评分量表,具体内容见表5.2。

表 5.2　　　　　　　创新绩效的测量条款

序号	测量条款
Exploration 1	近三年中,我公司能够不断接受超出现有产品和服务范围的新需求
Exploration 2	近三年中,我公司能持续创造新产品和服务
Exploration 3	近三年中,我公司会为本地市场客户化定制新产品和新服务
Exploration 4	近三年中,我公司会及时将全新的产品和服务商业化
Exploration 5	近三年中,我们经常擅于利用新市场上的新机会
Exploration 6	近三年中,我公司不断开拓新的分销渠道
Exploration 7	近三年中,我们定期寻找并接近新市场上的新客户
Exploitation 1	近三年中,我公司经常对现有产品和服务进行改进
Exploitation 2	近三年中,我公司经常为现有客户推出升级产品和服务
Exploitation 3	近三年中,我公司会定期对现有产品和服务进行微调
Exploitation 4	近三年中,我公司会为本地市场引进经过改进的产品和产品系列
Exploitation 5	近三年中,我公司不断提升产品和服务的供应效率
Exploitation 6	近三年中,我公司连续不断扩大现有市场的经济规模
Exploitation 7	近三年中,降低内部流程成本是我公司的一个重要目标

(3) 动态能力量表。

关于动态能力的测量比较普遍的做法是通过机会感知能力、机会利用能力和重构能力进行测量（Wang & Ahmed，2007）。根据第 2 章中动态能力变量的维度界定，本书将动态能力划分为感知能力、转化能力和资本能力三个维度。其中，感知能力的测量主要参考了（Teece，2007）对感知能力的定义和分析，通过第 3 章的多案例分析与扎根理论进行的质性分析，开发了相应的测量量表，测量条目共有 4 个，采用 Likert-7 级评分量表。转化能力主要参考了 Garud 和 Nayyar（1994）对转换能力的定义和诠释，并结合第 3 章的质性分析开发出了 5 个测量条目，采用 Likert-7 级评分量表。资本能力的衡量，主要参考了 Helfat et al.（2007）的量表，并根据第 3 章案例分析和扎根理论的研究结果，开发了在语言表述上更便于理解、与企业实际情景更加接近的测量量表，测量条目共有 4 个，采用 Likert-7 级评分量表。动态能力测量量表具体见表 5.3。

表 5.3　　动态能力的测量条款

序号	测量条款
SC1	我们能够迅速辨识技术、市场环境的变化
SC2	我们主动监测可能会影响公司业务的技术变化
SC3	我们对影响公司业务的技术察觉迟缓
SC4	我公司会定期评估业务技术变化可能带来的影响
TC1	为了迎接新技术，公司上下全员都时刻准备贡献知识和经验
TC2	为了适应新产品的需要，我公司能够积极调整既定的组织和流程
TC3	为了采纳新技术，我公司很容易更换知识能力集
TC4	如果新产品需要，我公司愿意放弃现有投资
TC5	我公司会积极追求新技术，即使会引起现有投资贬值
CC1	我公司有大量不受约束的资源，这些资源能立即为战略行动提供资金支持
CC2	我公司在短期内有大量可得资源来资助公司的重要举措
CC3	我公司进入新的业务领域，能够有效利用原有资源
CC4	我公司有大量由管理层自由裁量的资源以支持新战略

第 5 章　动态能力视角下知识源战略与创新绩效的多维度模型验证

5.3　样本描述和数据检验

5.3.1　样本描述

本次调查在 2013 年 7 月至 12 月期间进行，问卷采用现场回收、传真、微信和电子邮件等形式收集。由于研究对象是知识密集型服务企业，根据国民经济行业分类（GB/T4754-2002）和国际标准产业分类（ISIC/REw13），样本主要集中在以银行、证券和保险为代表的金融业，以电信及通讯服务、计算机服务和软件为代表的信息与通讯服务业，以研发、专业技术、工程规划和科技推广为代表的科技服务业，以及以法律服务、咨询与调查等为代表的商务服务业。它们都是以服务业为驱动的创新知识型经济体，适合本书的研究目的。在选取抽样对象时，本书充分考虑到企业性质分布的均匀性，主要涉及国有企业、股份制企业、民营企业、合资企业和独资企业，并且公司规模至少在 100 人以上，成立时间至少 3 年。

由于本书的主要内容是企业知识源战略、动态能力与创新绩效关系，为了获得有效的调研数据，本书的调研对象主要是各企业的中高层主管，如首席信息官、信息部门经理、人力资源总监、人力资源部门经理、战略规划总监、战略规划部门经理、财务总监以及研发总监等。在调查样本的选择和沟通过程中，样本采集工作的开展得益于本书作者所参与的中国知识管理和创新调研课题所提供的部分样本信息。

数据收集的质量将直接决定后继实证研究的有效性和可靠性。因而本书在选择有效问卷时遵循的剔除标准主要有以下两个：其一，对于填写不完整问卷，如果仅有个别遗漏则采用缺失值处理，如果遗漏题目过多则将样本剔除；其二，检查被访者是否认真填写问卷，对所测量项目或者大多数测量项目呈现打分一致的情况予以删除。在剔除无效问卷后，本书最终得到有效样本 214 个。

5.3.2 数据的正态性检验

结构方程模型对数据要求比较严格，所测数据必须服从正态分布。黄芳铭（2005）的研究指出：当偏度绝对值大于 3.0 时，一般被视为是极端的偏态；而峰度的绝对值大于 10.0 时表示峰度有问题，若是大于 20.0 时就可以视为是极端的峰度。因而，当偏度绝对值小于 3 且峰度绝对值小于 10 时，其数据特征属于非严格标准的正态分布，这种轻微的情况不会对参数估计结果造成显著影响（候杰泰、温忠麟和成子娟，2004）。本书采用 SPSS 18.0 软件计算各测量条目的偏度值及峰度值。统计结果显示，各测量条目的偏度值介于 0.034~0.967，峰度值介于 0.076~1.198，远低于偏度值和峰度值的评估上限标准。因此，尽管回收的数据的分布并非严格服从标准的正态分布，但不会显著影响统计结果的效度分析过程。

5.3.3 共同方法偏差的检验

检验共同方法偏差的最常用方法是 Harman 单因素检验法（Andersson & Bateman, 1997; Aulakh & Gencturk, 2000; Organ & Greene, 1981）。本书将研究中所涉及的全部变量一起进入探索性因子分析，共析出 7 个特征值大于 1 的公因子，解释了总方差的 67.889%；其中，解释力度最大的公因子特征值为 11.369，解释了总方差的 15.386%。检验结果表明，并未出现只有一个公因子或某一个单独因子解释了所有变量的大部分协方差的情况。因此，共同方法偏差问题在本书中可能造成的影响较小，可以忽略不计。

5.3.4 缺失值的处理

有效样本中缺失值的常见处理方法包括估计插补法、常数替代法和删除法。其中，删除法的操作最为简单但会浪费样本的剩余信息；常数替代法不会损失信息但主观推断性较强，容易引起数据的偏离。为了能够降低样本信息的损失和保证数据的客观性，本书采用估计补差法对缺少值进行处理。在各类统计软件中，SPSS 提供五种缺失值的估计插补值，即序列替代值、临近点均值、附近点中位数值、线性插值和线性趋势值。鉴于本书中同一维度的测度题项可能存在一定的相似性，因而本书采用临近点均值法进行缺失值的处理，其具体操作通过 SPSS 18.0 软件的分析功能实现。

5.4 探索性因子分析

探索性因子分析是检验量表准确度的最常用方法之一，它通过因素分析所得到的因素负荷对指标重新进行排列组合以识别构思的内部结构，并对指标进行删减和增补。探索性因子分析不仅可以解释测量指标之间的相关程度，也可以估计这些指标与共同因素之间存在的共同变异，非常适用于测量指标初期的验证工作。因此，本书采用 SPSS 18.0 软件进行信度系数计算及探索性因子分析。

参考陈晓萍等的分析过程，本书首先对样本数据进行了 KMO 样本充分性和 Bartlett 球体检验。KMO 值是判定数据是否适合作因子分析的检测指标，当 KMO 值越大时（越接近 1 时），表示变量间的共同因素越多，变量间的净相关系数越低，越适合进行因素分析。根据学者 Mealy（1970）观点，当 KMO 的值小于 0.5 时，较不宜进行因素分析，进行因素分析的普通（mediocre）准则至少在 0.6 以上。

5.4.1 知识源战略的探索性因子分析

分析结果表明,首先,知识源战略的 8 个测量题项的 KMO 值等于 0.888;Bartlett 球形检验的显著性概率值 $p = 0.000 < 0.05$,因此很适合进行因素分析。其次,本书采用主成分法提取因素,参照 Liden 和 Maslyn(1998)的建议,选择特征值大于 1 的因素,对变异量较小的问项进行删除。探索性因子分析结果如表 5.4 所示。由因素负荷矩阵发现,从知识源战略的 8 个测度题项中可以抽取出 2 个变量因子,这些变量因子累计解释了 73.354% 的变异,且在同一个构面中的题项的因子载荷均大于 0.6。因此本书所设计的测度题项能够较好地测度知识源战略的两个维度,不存在需要删除的题项。

表 5.4　　知识源战略的探索性因子分析

问题	因素 1	因素 2
我公司积累了丰富的行业市场经验	0.855	0.251
我公司对所属行业和领域非常熟悉	0.855	0.250
我公司拥有领先的行业技术知识	0.845	0.342
我公司积累了丰富的行业管理知识	0.806	0.376
我公司与领先的技术供应商密切联系	0.211	0.846
我公司与爱好使用行业领先技术的客户密切联系	0.304	0.818
我公司与领先的研究型大学/机构密切联系	0.264	0.708
我公司拥有多种专业技术人员	0.329	0.676

相关性分析的结果表明,尽管知识源广度与知识源深度两个维度显著相关,但相关系数在 0.6 以下,这说明共同变异问题在可接受范围。本书的结果与第 3 章质性研究一致,因此知识源战略特征的构思得到了初步验证(见表 5.5)。

第5章 动态能力视角下知识源战略与创新绩效的多维度模型验证

表5.5　　　　　　　知识源战略特征维度相关矩阵

因素	均值	标准差	知识源广度	知识源深度
知识源广度	5.016	1.160	1.000	0.598**
知识源深度	5.541	1.185	0.598**	1.000

注：** 表示在0.01水平（双侧）上显著相关。

5.4.2 创新绩效的探索性因子分析

分析结果表明，首先，企业创新绩效的14个测量题项的KMO值等于0.922；Bartlett球形检验的显著性概率值$p = 0.000 < 0.05$，因此很适合进行因素分析。其次，本书采用主成分法提取因素，参照Liden和Maslyn（1998）的建议，选择特征值大于1的因素，对变异量较小的问项进行删除。探索性因子分析结果如表5.6所示。由因素负荷矩阵发现，从企业创新绩效的14个测度题项中可以抽取出2个变量因子，这些变量因子累计解释了62.907%的变异，且在同一个构面中题项的因子载荷均大于0.6。因此本书所设计的测度题项能够较好地测度企业创新绩效的两个维度，不存在需要删除的题项。

表5.6　　　　　　　创新绩效的探索性因子分析

问题	因素1	因素2
我们经常利用新市场上的新机会	0.829	0.260
我公司能持续创造新产品和服务	0.811	0.301
我公司会将全新的产品和服务商业化	0.762	0.346
我们定期寻找并接近新市场上的新客户	0.717	0.275
我公司会为本地市场持续开发新产品和服务	0.681	0.401
我公司不断开拓新的分销渠道	0.678	0.155
我公司不断接受超出现有产品和服务范围的新需求	0.624	0.222
我公司经常为现有客户推出升级产品和服务	0.307	0.811
我公司经常对现有产品和服务进行改进	0.268	0.805
我公司会定期对现有产品和服务进行微调	0.269	0.781

续表

问题	因素1	因素2
我公司会为本地市场引进经过改进的产品和产品系列	0.320	0.750
我公司不断提升产品和服务的供应效率	0.336	0.733
降低内部流程成本是我公司的一个重要目标	0.138	0.653
我公司不断扩大现有市场的经济规模	0.463	0.604

企业创新绩效初始量表采用的是 Likert-5 级评分量表，首先将样本数据换算成 Likert-7 级评分量表。相关性分析的结果表明，尽管探索式创新绩效和利用式创新绩效两个维度显著相关，但相关系数接近 0.6，这说明共同变异问题在可接受范围。本书的结果与第 3 章质性研究结果一致，因此，创新绩效的构思得到了初步验证（见表 5.7）。

表 5.7　　　　创新绩效特征维度的相关矩阵

因素	均值	标准差	探索式创新绩效	利用式创新绩效
探索式创新绩效	5.179	1.028	1.000	0.609**
利用式创新绩效	5.450	0.964	0.609**	1.000

注：** 表示在 0.01 水平（双侧）上显著相关。

5.4.3　动态能力的探索性因子分析

分析结果表明，首先，动态能力的 13 个测量题项的 KMO 值等于 0.900；Bartlett 球形检验的显著性概率值 $p = 0.000 < 0.05$，因此很适合进行因素分析。其次，本书采用主成分法提取因素，参照 Liden 和 Maslyn（1998）的建议，选择特征值大于 1 的因素，对变异量较小的问项进行删除。探索性因子分析结果如表 5.8 所示。由因素负荷矩阵发现，从动态能力的 13 个测度题项中可以抽取出 3 个变量因子，这些变量因子累计解释了 71.435% 的变异，且在同一个构面中题项的

第5章 动态能力视角下知识源战略与创新绩效的多维度模型验证

因子载荷均大于0.6。因此本书所设计的测度题项能够较好地测度动态能力的三个维度,不存在需要删除的题项。

表5.8　　　　　　　　动态能力的探索性因子分析

问题	因素1	因素2	因素3
我公司在短期内有大量可得资源来资助公司的重要举措	0.841	0.245	0.167
我公司进入新的业务领域能够有效地利用原有资源	0.830	0.162	0.140
我公司有大量不受约束的资源,这些资源能立即为战略行动提供资金支持	0.810	0.130	0.228
我公司有大量由管理层自由裁量的资源以支持新战略	0.716	0.282	0.291
我公司对影响公司业务的技术察觉迟缓	0.156	0.881	0.188
我公司主动监测可能会影响公司业务的技术变化	0.197	0.879	0.146
我公司能够迅速辨识技术、市场环境的变动	0.237	0.850	0.170
我公司会定期评估业务技术变化可能带来的影响	0.244	0.759	0.251
我公司会积极追求新技术,即使那会引起现有投资贬值	0.080	0.214	0.802
如果新产品需要,我公司愿意放弃现有投资	0.193	0.068	0.793
为了采纳新技术,我公司很容易更换知识能力集	0.389	0.310	0.656
为了适应新产品的需要,我公司能够积极调整既定的组织和流程	0.458	0.233	0.568
为了迎接新技术,公司上下全员都时刻准备贡献知识和经验	0.466	0.306	0.501

相关性分析的结果表明,尽管感知能力、转化能力和资本能力显著相关,但相关系数都等于或小于0.6,这说明共同变异问题尚在可

接受范围。本书的结果与第3章质性研究结果一致,因此,动态能力特征维度的构思得到了初步验证(见表5.9)。

表5.9　　　　动态能力特征维度的相关矩阵

因素	均值	标准差	感知能力	转化能力	资本能力
感知能力	5.092	1.190	1.000	0.551**	0.499**
转化能力	4.320	1.104	0.551**	1.000	0.602**
资本能力	4.321	1.139	0.499**	0.602**	1.000

注:** 表示在0.01水平(双侧)上显著相关。

5.4.4　控制变量的选取与设置

以往研究表明,企业的年龄、类型、行业、规模会影响到企业的创新绩效(Griliches, 1990;Prabhu, Chandy & Ellis, 2005)。为了排除这些因素的干扰,本书把企业的成立年限、企业性质、公司规模、所属行业作为控制变量。本书以公司注册成立至今的年份来代表组织成立年限;以公司内的员工人数来代表公司规模,并取其自然对数。企业性质设为虚拟变量,国有企业取值为1,其他企业性质取值为0。所属行业划分为金融业、信息与通讯服务业、科技服务业和商务服务业,均设为虚拟变量,分别是:金融业(虚拟),其编码为1,其他行业编码为0;信息与通讯服务业(虚拟),其编码为1,其他行业编码为0;科技服务业(虚拟),其编码为1,其他行业编码为0;商务服务业(虚拟),其编码为1,其他行业编码为0。

5.5　信度与效度验证

在进行假设检验之前,首先要对问卷的量表数据进行信度和效度

第 5 章　动态能力视角下知识源战略与创新绩效的多维度模型验证

评估，以保证数据分析结果的准确性。

（1）信度。

信度（reliability）是测量工具内部一致性和稳定性程度的指标，它用于考察问卷测量的可靠性（Stockton，1974；李怀祖，2000）。常用的信度指标有再测信度、折半信度和 Cronbach α 信度。其中，Cronbach α 信度系数更适用于定距尺度测量的 Likert 量表，因而在行为测量方面应用最为广泛（Crocker & Algina，1986）。由于在社会科学研究领域中，每份量表包含分层面（构面），因而研究者除提供总量表的信度系数外，也应提供各层面的信度系数。通常认为，总量表的 Cronbach α 信度系数最好在 0.80 以上，如果在 0.70~0.80，也算是可以接受的范围；如果是分量表，其 Cronbach α 信度系数最好在 0.70 以上，如果在 0.60~0.70，也可以接受使用；如果分量表（层面）的 Cronbach α 信度系数在 0.60 以下或总量表的信度系数在 0.70 以下，应考虑重新修订量表或增删题项（吴明隆，2011）。

本书测量信度的指标包括：α 信度系数用于分析测量项目的一致性，通常认为大于 0.7 是一个较为合适的判断标准，同时，删除条目的 α 信度的信度系数可以作为删除条款的依据；修正后项目总相关系数（corrected item total correlation，CITC）是在同一变量维度下，每一测量项目与其他所有测量项目之和的相关系数，通常认为 CITC 小于 0.5 的测量条款应予以删除。

（2）效度。

效度（validity）是指测验指标能正确测量出所要衡量的事物的特质程度，目的在于揭示变量和测量题项间的关系。效度的分类通常包括内容效度和建构效度。内容效度（content validity）是指测量内容的代表性或取样的适切性，其更多的是靠研究者在观念的定义上或者语义上的判断，主要依赖于逻辑的处理而非统计上的分析。本书主要采用了如下方法保证量表的内容效度：①借鉴现有成熟量表，并采用双向翻译法，以提高量表的可靠性；②通过案例研究和扎根理论进行质性研究，结合中国情景修订和开发了部分测量题项，并通过探索性因子分析对量表进行了检验，以保证了量表开发的适切性。建构效度（construct validity）是指实际测评的结果与所建立的理论构念的一致性程度，通常包括收敛效度和辨别效度（Straub，1989）。收敛效度是指若干不同测量条款是否在测量同一变量，常用的检验方法是验证性因子分析（confirmatory factor analysis，CFA）。辨别效度是指不同变量是否存在显著性差异，如果各潜变量之间的相关系数显著低于1，或者测量要素各维度之间的相关系数小于对应各维度的信度系数，则表明测量工具具有良好的辨别效度（Koufteros，1999）。本书采用验证性因子分析来检验量表的收敛效度，采用比较"测量要素各维度之间的相关系数"与"对应各维度的信度系数"来检验量表的辨别效度。

本书测量效度的指标包括：①卡方自由度指标（χ^2/df），用来考察模型拟合度，当卡方与自由度之比小于 2 时，表明模型拟合较好；卡方与自由度之比在 2～5 时，模型可以接受（Rutherford，1988）。②RMSEA（root mean square error of approximation）平均"近似"平方误系数，它主要用来比较假设模型与完美契合的饱和模型（saturated model）之间的差异程度（Bagozzi & Yi，1988），值越大表示模型越不理想。③IFI（incremental fit index）为增量拟合度指标，数值越大表示拟合度越佳，指标大于 0.90 则可以视为模型具有理想的拟合度（Bentler & Bonett，1980）。④CFI（comparative fit index）为比较拟合指数，反映了假设模型与无任何共变关系的独立模型的差异程度（Bentler，1990），多数学者赞同以 0.95 为 CFI 的临界值。⑤AGFI（adjusted GFI）调整拟合度指标，类似于回归分析中的调整后可解释变异量（adjusted R^2），数值越大则模型的契合度越高，通常大于 0.9 时模型可以接受。本书所采用的信效度指标汇总如表 5.10 所示。

第5章 动态能力视角下知识源战略与创新绩效的多维度模型验证

表 5.10　本书所采用的信效度指标汇总

拟合指标	取值范围	临界值
α 信度系数	[0，1]	[0.70，1]
CITC	[0，1]	[0.50，1]
χ^2/df	[0，+∞]	[0，5.00)
RMSEA	[0，+∞]	[0，0.05)
IFI	[0，1]	(0.90，1]
CFI	[0，1]	(0.90，1]
AGFI	[0，1]	(0.90，1]

5.5.1　知识源战略量表的信效度检验

（1）信度检验。

依据知识源战略的探索性因子分析结果，将知识源战略的两个维度分别进行信度分析，测量条款信度分析如表 5.11 所示。

表 5.11　知识源战略特征测量条款的信度检验结果

变量	条款	CITC	删除该条款后 α 系数	α 系数
知识源广度	KB1	0.593	0.802	0.823
	KB2	0.703	0.752	
	KB3	0.730	0.740	
	KB4	0.587	0.814	
知识源深度	KD1	0.790	0.899	0.917
	KD2	0.796	0.896	
	KD3	0.809	0.892	
	KD4	0.843	0.880	

由表 5.11 可知，未删除任何条款的 CITC 值均大于 0.5；知识源广度和知识源深度的 α 系数均大于 0.8；知识源广度和知识源深度两

个变量所包含的各条款删除后,两个变量的内部一致性信度 α 值都有所降低。因此,知识源广度和知识源深度两个维度的测量量表的内部一致性信度较好,均满足研究的要求。

此外,采用 Cronbach α 一致性系数检验知识源战略的整体内部一致性,结果显示,知识源战略特征量表的整体 α 系数为 0.901。对该量表运用删除 α 指标检验的结果表明,任一指标的删除 α 系数值都小于量表的整体 α 值(0.901),故应保留全部指标。

因此,知识源战略特征的测量量表具有良好的内部一致性,其总体量表信度较好。

(2)效度检验。

本书的效度检验分为收敛效度检验和辨别效度检验。

收敛效度检验通过验证性因子分析(CFA)进行。验证性因子分析从模型的理论内涵出发,通过假设模型与多个备选模型之间的比较而产生最佳模型已达成验证之目的。本书在文献分析、质性研究以及探索性因子分析结果的基础之上,将知识源战略分为两个维度,即知识源广度和知识源深度。因此,本书提出两个竞争模型:M1 为单因素模型,即所有题项都归于单一维度;M2 为两因素模型,即将知识源战略分为知识源广度和知识源深度两个维度。运用 AMOS 17.0 进行运算,假设模型拟合指标值如表 5.12 所示。

表 5.12 知识源战略各模型拟合指标汇总

变量	χ^2/df	RMSEA	IFI	CFI	AGFI
M0	38.576				
M1	8.289	0.185	0.862	0.861	0.667
M2	2.089	0.071	0.981	0.980	0.915

表 5.12 的检验结果表明,二维模型的各项指标都达到了检验要求,而且明显优于单维模型,很好地拟合了原始数据。知识源战略二维模型路径如图 5.1 所示。

第5章 动态能力视角下知识源战略与创新绩效的多维度模型验证

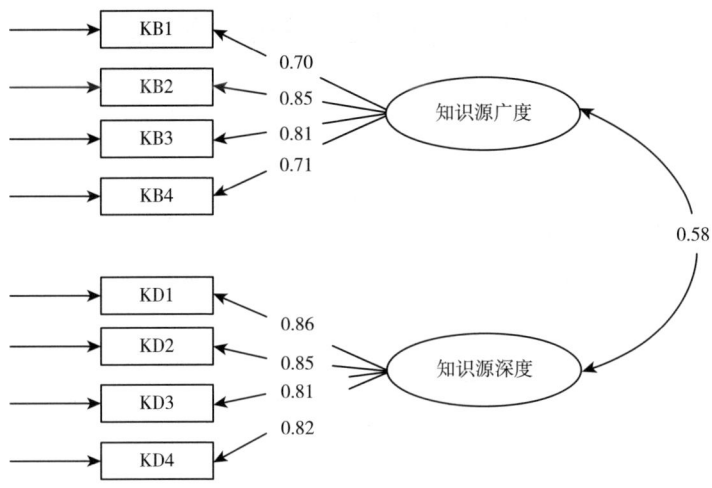

图 5.1 知识源战略验证性因子分析

辨别效度分析。运用 SPSS 中的信度分析，分别得到知识源战略量表整体的内部一致性系数和各个维度的内部一致性系数；运用验证性分析得到各维度的标准差、相关系数值，如表 5.13 所示。

表 5.13 知识源战略的标准差、相关系数和内部一致性系数

变量	维度α系数	S.D.	P	1	2
知识源广度	0.823	1.160	**	1.000	0.598
知识源深度	0.917	1.185	**	0.598	1.000

表 5.13 中的两个维度之间的相关系数为 0.598，小于两维度任一项测量的内部一致性系数（0.828，0.917），这表明该测量量表具有良好的辨别效度。

5.5.2 创新绩效量表的信效度检验

（1）信度检验。

依据企业创新绩效探索性因子分析结果，将创新绩效的两个维度分别进行信度分析，测量条款信度分析如表 5.14 所示。

表 5.14　创新绩效特征测量条款的信度检验结果

变量	条款	CITC	删除该条款后 α 系数	α 系数
探索式创新绩效	Exploration 1	0.558	0.894	0.894
	Exploration 2	0.801	0.865	
	Exploration 3	0.702	0.877	
	Exploration 4	0.769	0.869	
	Exploration 5	0.788	0.866	
	Exploration 6	0.569	0.893	
	Exploration 7	0.677	0.880	
利用式创新绩效	Exploitation 1	0.759	0.877	0.899
	Exploitation 2	0.783	0.874	
	Exploitation 3	0.740	0.880	
	Exploitation 4	0.737	0.881	
	Exploitation 5	0.732	0.883	
	Exploitation 6	0.653	0.890	
	Exploitation 7	0.547	0.903	

由表 5.15 可知，未删除任何条款的各变量 CITC 值均大于 0.5；探索式创新绩效和利用式创新绩效的 α 系数均大于 0.8；除 Exploitation 7 条款删除后，系数由 0.899 变为 0.903 之外，其余变量各条款删除后该变量的内部一致性信度 α 值都有所降低。因此，探索式创新绩效和利用式创新绩效两个维度的测量量表的内部一致性信度较好，均满足研究的要求。

此外，采用 Cronbach α 一致性系数检验企业创新绩效的整体内部一致性，结果显示，企业创新绩效特征量表的整体 α 系数为 0.928。对该量表运用删除 α 指标检验的结果表明，任一指标的删除 α 系数值都小于量表的整体 α 值（0.928），故应保留全部指标。

因此，企业创新绩效的测量量表具有良好的内部一致性，其总体量表信度较好。

（2）效度检验。

收敛效度检验。在借鉴以往研究结果的基础上，本书将企业创新

第5章 动态能力视角下知识源战略与创新绩效的多维度模型验证

绩效分为两个维度,即探索式创新绩效和利用式创新绩效。从而提出两个竞争模型:M1 为单因素模型,即所有题项都归于单一维度;M2 为两因素模型,即将创新绩效分为探索式创新绩效和利用式创新绩效两个维度。假设模型拟合指标值如表 5.15 所示。

表 5.15 创新绩效各模型拟合指标汇总

变量	χ^2/df	RMSEA	IFI	CFI	AGFI
M0	21.431				
M1	5.987	0.153	0.795	0.793	0.596
M2	2.908	0.095	0.923	0.922	0.920

表 5.15 的检验结果表明,二维模型的各项指标都达到了检验要求,而且明显优于单维度模型,很好地拟合了原始数据。企业创新绩效的二维模型路径如图 5.2 所示。

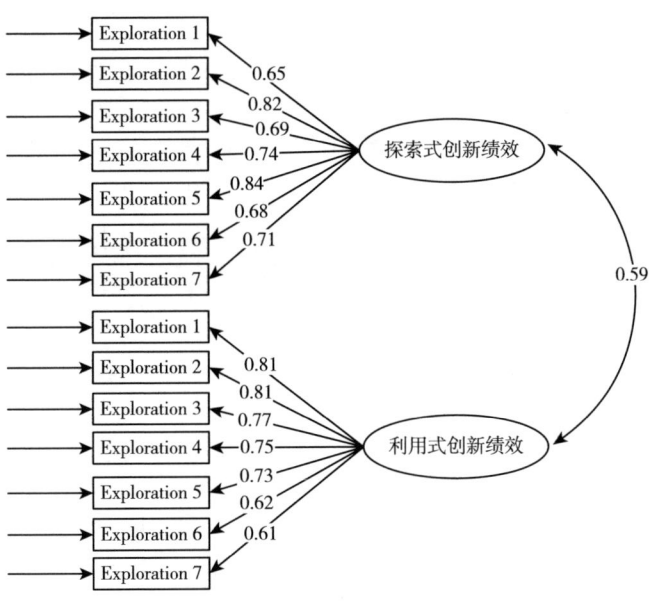

图 5.2 创新绩效的验证性因子分析

辨别效度分析。运用 SPSS 中的信度分析,分别得到企业创新绩效量表整体的内部一致性系数和各个维度的内部一致性系数;运用验证性分析得到各维度的标准差、相关系数值,如表 5.16 所示。

表 5.16　创新绩效的标准差、相关系数和内部一致性系数

变量	维度 α 系数	S.D.	P	1	2
探索式创新绩效	0.894	1.028	**	1.000	0.609
利用式创新绩效	0.899	0.964	**	0.609	1.000

表 5.16 中的两个维度之间的相关系数为 0.609,小于两维度任一项测量的内部一致性系数(0.894,0.899),这表明该测量量表具有良好的区分效度。

5.5.3　动态能力量表的信效度检验

(1)信度检验。

依据企业动态能力量表的探索性因子分析结果,将企业动态能力的三个维度分别进行信度分析,测量条款信度分析如表 5.17 所示。

表 5.17　动态能力特征测量条款的信度检验结果

变量	条款	CITC	删除该条款后 α 系数	α 系数
感知能力	SC1	0.810	0.883	0.912
	SC2	0.833	0.874	
	SC3	0.835	0.875	
	SC4	0.726	0.912	
转化能力	TC1	0.604	0.806	0.832
	TC2	0.660	0.790	
	TC3	0.726	0.771	
	TC4	0.587	0.811	
	TC5	0.581	0.813	
资本能力	CC1	0.735	0.851	0.882
	CC2	0.802	0.825	
	CC3	0.737	0.851	
	CC4	0.701	0.865	

第5章 动态能力视角下知识源战略与创新绩效的多维度模型验证

由表 5.17 可知，未删除任何条款的 CITC 值均大于 0.5；感知能力、转化能力和资本能力的 α 系数均大于 0.8；三个变量所包含的各条款删除后，三个变量的内部一致性信度 α 值都有所降低。因此，感知能力、转化能力和资本能力三个维度的测量量表的内部一致性信度较好，均满足研究的要求。

此外，采用 Cronbach α 一致性系数检验动态能力的整体内部一致性，结果显示，动态能力特征量表的整体 α 系数为 0.915。对该量表运用删除 α 指标检验的结果表明，任一指标的删除 α 系数值都小于量表的整体 α 值（0.915），故应保留全部指标。

因此，动态能力的测量量表具有良好的内部一致性，其总体量表信度较好。

（2）效度检验。

收敛效度检验。在借鉴以往研究结果的基础上，本书将动态能力分为三个维度，即感知能力、转化能力和资本能力。从而提出三个竞争模型：M1 为单因素模型，即所有题项都归于单一维度；M2 为两因素模型，即将感知能力和转化能力合并；M3 为三因素模型。假设模型拟合指标值如表 5.18 所示。

表 5.18　　　　动态能力各模型拟合指标汇总

变量	χ^2/df	RMSEA	IFI	CFI	AGFI
M0	22.526				
M1	8.753	0.191	0.702	0.700	0.496
M2	7.410	0.173	0.758	0.756	0.524
M3	2.121	0.073	0.959	0.959	0.901

表 5.18 的检验结果表明，三维模型的各项指标都达到了检验要求，而且明显优于单维度模型和二维模型，很好地拟合了原始数据。动态能力的三维模型路径如图 5.3 所示。

辨别效度分析。运用 SPSS 中的信度分析，分别得到动态能力量

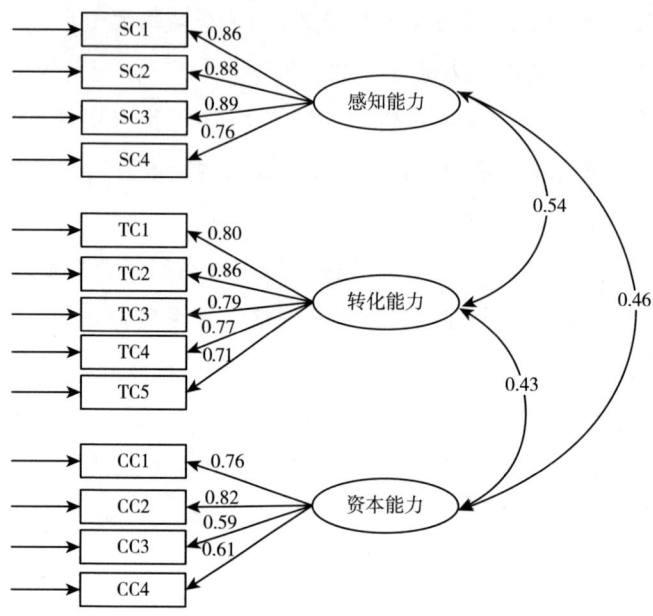

图 5.3 动态能力的验证性因子分析

表整体的内部一致性系数和各个维度的内部一致性系数;运用验证性分析得到各维度的标准差、相关系数值,如表 5.19 所示。

表 5.19 动态能力的标准差、相关系数和内部一致性系数

变量	维度 α 系数	S.D.	P	1	2	3
感知能力	0.912	1.190	**	1.000	0.551	0.499
转化能力	0.832	1.104	**	0.551	1.000	0.602
资本能力	0.882	1.139	**	0.499	0.602	1.000

表 5.19 中各个维度之间的相关系数(0.551、0.499、0.602)均远小于各维度测量的内部一致性系数(0.912、0.832、0.882),这表明该测量量表具有良好的区分效度。通过对大规模问卷调查数据的信度与效度检验结果表明,动态能力测量量表具有良好的信度与效度;这一结论与 5.5.3 小节动态能力探索式因子分析的检验结果一致,再次验证了自行开发量表的准确性和稳定性。

第 5 章　动态能力视角下知识源战略与创新绩效的多维度模型验证

5.6　模型验证

由于企业的成立年限、性质、规模、行业的不同都可能会影响到研究的效度，因此本书将这些变量作为控制变量，采用逐步回归方法进行模型验证。

5.6.1　知识源战略对创新绩效的直接作用

在进行回归分析之前，首先要判断变量之间是否存在线性相关关系，本书采用皮尔逊相关系数对变量之间的关系进行显著性检验。当该系数不显著时，表明变量之间或者不存在线性相关关系，或者存在非线性关系。研究结果显示，知识源广度与探索式创新绩效的相关系数为 0.552（$P<0.01$），表明知识源广度与探索式创新绩效之间存在线性正相关关系；知识源广度与利用式创新绩效的相关系数为 0.415（$P<0.01$），表明知识源广度与利用式创新绩效之间存在线性正相关关系；知识源深度与探索式创新绩效的相关系数为 0.573（$P<0.01$），表明知识源深度与探索式创新绩效之间存在线性正相关关系；知识源深度与利用式创新绩效的相关系数为 0.438（$P<0.01$），表明知识源深度与利用式创新绩效之间存在线性正相关关系。

在回归分析中，首先，将企业性质变量作为控制变量，知识源战略作为自变量，企业创新绩效作为因变量构建回归模型 M1；其次，将知识源广度和知识源深度的二次平方加入回归模型构建 M2，以验证二次关系；最后，将知识源广度和知识源深度进行交互（乘积）加入回归模型构建 M3，以验证知识源平衡对创新绩效的影响。由于本书中将企业创新绩效分为探索式创新绩效和利用式创新绩效，因此将探索式创新绩效和利用式创新绩效分别进行回归,回归分析结果分别见表5.20和表5.21。

表5.20 知识源战略对探索式创新绩效影响的回归分析

变量	模型 M1	模型 M2	模型 M3
控制变量			
成立年限	-0.070	-0.075	-0.075
企业性质	-0.146**	-0.155**	-0.150**
公司规模	0.024	0.001	0.014
金融业	-0.048	-0.036	-0.044
信息与通讯服务业	-0.034	-0.035	-0.035
科技服务业	-0.024	-0.025	-0.024
商务服务业	-0.032	-0.024	-0.029
自变量			
知识源广度	0.326***	0.349***	0.309***
知识源深度	0.320***	0.453***	0.425***
知识源广度平方		0.046	
知识源深度平方		0.159*	
知识源广度×知识源深度			0.112
ΔR^2	0.332***	0.021*	0.008
ΔF	57.851***	3.795*	2.913

注:*代表$P<0.05$;**代表$P<0.01$;***代表$P<0.001$。

表5.21 知识源战略对利用式创新绩效影响的回归分析

变量	模型 M1	模型 M2	模型 M3
控制变量			
成立年限	0.015	0.007	0.007
企业性质	-0.115	-0.129*	-0.122*
公司规模	0.042	0.009	0.027
金融业	-0.064	-0.047	-0.058

第5章 动态能力视角下知识源战略与创新绩效的多维度模型验证

续表

变量	模型 M1	模型 M2	模型 M3
信息与通讯服务业	0.101	0.100	0.099
科技服务业	-0.002	-0.004	-0.001
商务服务业	-0.068	-0.057	-0.064
自变量			
知识源广度	0.207**	0.242**	0.183*
知识源深度	0.291***	0.439***	0.400***
知识源广度平方		0.068	
知识源深度平方		0.227*	
知识源广度×知识源深度			0.163*
ΔR^2	0.183***	0.044**	0.075*
ΔF	25.164***	6.373**	2.401*

注：* 代表 $P<0.05$；** 代表 $P<0.01$；*** 代表 $P<0.001$。

回归分析结果显示：（1）在控制了公司性质变量效果的基础上（模型 M1 中），知识源广度和知识源深度无论是对企业的探索式创新绩效还是利用式创新绩效都具有显著正向影响，假设 1a、假设 1b、假设 2a、假设 2b 均得到验证。通过自变量的回归系数比较发现，知识源广度（$\beta=0.326$，$P=0.000$）比知识源深度（$\beta=0.320$，$P=0.000$）对探索式创新绩效的边际贡献更大，而知识源深度（$\beta=0.291$，$P=0.000$）比知识源广度（$\beta=0.207$，$P<0.01$）对利用式创新绩效的边际贡献更大。这在一定程度上也表明，知识源广度更有利于探索式创新绩效的提高，而知识源深度更有利于利用式创新绩效的提高。（2）当知识源广度与其平方值一并进入回归方程（模型 M2）时，知识源广度与探索式创新绩效的回归系数显著且为正值（$\beta=0.349$，$P=0.000$），知识源广度的平方与探索式创新绩效的回归系数未呈现负值且显著，表明过宽的知识源广度未对探索式创新绩效呈现负向影响，故假设 1c 未能得到验

证；同理，知识源广度与利用式创新绩效的回归系数显著且为正值（β=0.242，P<0.01），知识源广度的平方与利用式创新绩效的回归系数未呈现负值且显著，表明过宽的知识源广度未对利用式创新绩效呈现负向影响，故假设1d未能得到验证。当知识源深度与其平方值一并进入回归方程（模型M2）时，知识源深度与探索式创新绩效的回归系数显著且为正值（β=0.453，P=0.000），知识源深度的平方与探索式创新绩效的回归系数呈现正值（β=0.159，P<0.05），表明随着知识源深度的增加，其对探索式创新绩效的边际贡献逐步降低，但未能验证过深的知识源深度对探索式创新绩效呈现负向影响，故假设2c未能得到验证；同理，知识源深度与利用式创新绩效的回归系数显著且为正值（β=0.439，P=0.000），知识源深度的平方与利用式创新绩效的回归系数呈现正值（β=0.227，P<0.05），表明随着知识源深度的增加，其对利用式创新绩效的边际贡献逐步降低，但未能验证过深的知识源深度对利用式创新绩效呈现负向影响，故假设2d未能得到验证。(3) 由模型M3可知，知识源广度与知识源深度的交互作用对探索式创新绩效不显著，故假设3a未能得到验证；但知识源广度与知识源深度的交互作用对利用式创新绩效具有显著正向影响（β=0.163，P<0.05）。因此，假设3b得到验证。说明对于利用式创新绩效的提升，应重视知识源广度与知识源深度之间的平衡；对于探索式创新绩效的提升，知识源平衡未呈现显著影响。

5.6.2 感知能力和转化能力的中介效应分析

依据Baron和Kenny（1986）提出的中介变量检验方法，中介作用的检验必须满足如下三个条件：(1) 自变量与因变量必须显著相关。(2) 自变量与中介变量必须显著相关。(3) 当自变量和中介变量同时进入回归方程时，若中介变量的作用显著而自变量的作用变得不显著，则为完全中介作用；若中介变量的作用显著且自变量的作用仍然显著，但作用强度减弱，则为部分中介作用。由表 5.20 和表 5.21 的回归结果可知，知识源广度和知识源深度均与探索式创新绩效和利用式创新绩效之间存在显著的线性相关，因而满足中介作用检验的第一个条件。

为了检验中介作用的第二个条件，分别将感知能力和转化能力作为因变量进入回归，结果见表 5.22（控制变量的数值略去）。回归结果显示，知识源广度与感知能力显著正相关，与转化能力显著正相关；知识源深度与感知能力显著正相关，与转化能力显著正相关。各预测变量之间不存在多重共线性（VIF 值均小于 5）。

表 5.22 知识源战略对感知能力和转化能力影响的回归分析

变量	感知能力		转化能力	
	标准 β	VIF 值	标准 β	VIF 值
知识源广度	0.340 ***	1.843	0.330 ***	1.843
知识源深度	0.513 ***	1.751	0.212 **	1.751
ΔR^2	0.537 ***		0.214 ***	
ΔF	155.95 ***		30.440 ***	

注：* 代表 $P<0.05$；** 代表 $P<0.01$；*** 代表 $P<0.001$。

为了检验中介作用的第三个条件，本书提出三个模型。模型 M1 仅包含自变量知识源广度和知识源深度，模型 M2 包含自变量和感知能力，模型 M3 包含自变量和转化能力。由于本书将企业创新绩效分为探索式创新绩效和利用式创新绩效，因此回归结果见表 5.23 和表 5.24。

表 5.23 感知能力和转化能力在知识源战略与探索式创新绩效之间的中介效应分析

	模型 M1		模型 M2		模型 M3	
	标准 β	VIF 值	标准 β	VIF 值	标准 β	VIF 值
自变量						
知识源广度	0.326 ***	1.843	0.231 **	2.171	0.217 **	1.994

续表

	模型 M1		模型 M2		模型 M3	
	标准 β	VIF 值	标准 β	VIF 值	标准 β	VIF 值
知识源深度	0.320***	1.751	0.207*	2.499	0.280***	1.813
中介变量						
感知能力			0.278**	2.847		
转化能力					0.329***	1.391
ΔR^2	0.332***		0.027**		0.078***	
ΔF	57.851***		9.883**		30.983***	

注：* 代表 $P<0.05$；** 代表 $P<0.01$；*** 代表 $P<0.001$。

表5.24　感知能力和转化能力在知识源战略与利用式创新绩效之间的中介效应分析

	模型 M1		模型 M2		模型 M3	
	标准 β	VIF 值	标准 β	VIF 值	标准 β	VIF 值
自变量						
知识源广度	0.207**	1.843	0.122	2.171	0.117	1.994
知识源深度	0.291***	1.751	0.163	2.499	0.233**	1.813
中介变量						
感知能力			0.250**	2.847		
转化能力					0.274***	1.391
ΔR^2	0.183***		0.022*		0.054***	
ΔF	25.164***		6.202*		15.897***	

注：* 代表 $P<0.05$；** 代表 $P<0.01$；*** 代表 $P<0.001$。

由表5.23和表5.24的分析结果可知：(1) 在引入感知能力中介变量后，知识源广度对探索式创新绩效的影响作用由0.326（$P<0.001$）降为0.231（$P<0.01$），表明感知能力在其中起到部分中介作用，假设4a得到验证；(2) 在引入感知能力中介变量后，知识源广度对利用式创新绩效的影响作用由0.207（$P<0.01$）变

为不显著，表明感知能力在其中起到了完全中介作用，假设 4b 得到验证；(3) 在引入感知能力中介变量后，知识源深度对探索式创新绩效的影响作用由 0.320（P<0.001）降为 0.207（P<0.05），但仍然显著，表明感知能力在其中起到了部分中介作用，假设 4c 得到了验证；(4) 在引入感知能力中介变量后，知识源深度对利用式创新绩效的影响作用由 0.291（P<0.001）变为不显著，表明感知能力在其中起到了完全中介作用，假设 4d 得到了验证；(5) 在引入转化能力中介变量后，知识源广度对探索式创新绩效的影响作用由 0.326（P<0.001）降为 0.217（P<0.01），表明转化能力在其中起到部分中介作用，假设 5a 得到验证；(6) 在引入转化能力中介变量后，知识源广度对利用式创新绩效的影响作用由 0.207（P<0.01）变为不显著，表明转化能力在其中起到了完全中介作用，假设 5b 得到验证；(7) 在引入转化能力中介变量后，知识源深度对探索式创新绩效的影响作用由 0.320（P<0.001）降为 0.280（P<0.001），表明转化能力在其中起到了部分中介作用，假设 5c 得到了验证；(8) 在引入转化能力中介变量后，知识源深度对利用式创新绩效的影响作用由 0.291（P<0.001）降为 0.233（P<0.01），表明转化能力在其中起到了部分中介作用，假设 5d 得到了验证。

5.6.3 资本能力在知识源战略与创新绩效间的调节效应分析

依据 Wu 和 Shanley（2009）考察调节作用的过程，本书采用层级回归方法验证资本能力在知识源战略与企业创新绩效间的调节作用。在层级回归过程中，首先将知识源战略指标引入方程（M1）；其次将资本能力特征引入方程（M2）；最后，将一次乘积项引入方程（M3）。层级回归结果见表 5.25 和表 5.26（控制变量的数值略去）。

表 5.25　资本能力在知识源战略与探索式创新绩效之间的调节作用分析

	模型 M1	模型 M2	模型 M3
自变量			
知识源广度	0.326***	0.271***	0.264***
知识源深度	0.320***	0.292***	0.313***
调节变量			
资本能力		0.225***	0.221***
交互作用			
资本能力×知识源广度			-0.141
资本能力×知识源深度			0.159*
ΔR^2	0.332***	0.040***	0.031*
ΔF	57.851***	15.020***	5.07*

注：* 代表 $P<0.05$；** 代表 $P<0.01$；*** 代表 $P<0.001$。

表 5.26　资本能力在知识源战略与利用式创新绩效之间的调节作用分析

	模型 M1	模型 M2	模型 M3
自变量			
知识源广度	0.228**	0.176*	0.189*
知识源深度	0.293***	0.237**	0.277**
调节变量			
资本能力		0.218**	0.200**
交互作用			
资本能力×知识源广度			0.002
资本能力×知识源深度			0.108
ΔR^2	0.223***	0.038**	0.010
ΔF	30.240***	10.822**	1.418

注：* 代表 $P<0.05$；** 代表 $P<0.01$；*** 代表 $P<0.001$。

由层次回归分析结果可知：（1）资本能力在知识源广度与探索式创新绩效之间未能起到调节作用，假设 6a 不成立；（2）资本能力

第5章 动态能力视角下知识源战略与创新绩效的多维度模型验证

在知识源广度与利用式创新绩效之间未能起到调节作用,假设 6b 不成立;(3) 资本能力正向调节知识源深度与探索式创新绩效之间的正向关系,假设 6c 成立;(4) 资本能力在知识源深度与利用式创新绩效之间未能起到调节作用,假设 6d 不成立。

为了更清晰地体现资本能力在知识源深度与探索式创新绩效之间的正向调节作用,参考 Cohen,West 和 Aiken(2014)的做法,将探索式创新绩效分为高、低两个组,然后对每组样本分别进行回归,通过回归方程对应的图线对比不同分组间的差别,以显示资本能力的调节作用(见图 5.4)。

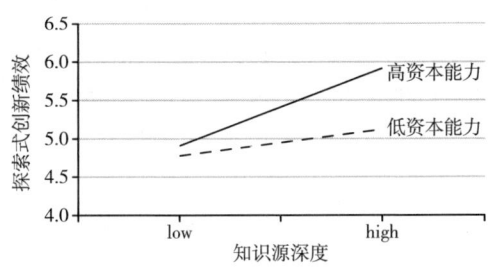

图 5.4 资本能力对知识源深度与探索式创新绩效的正向调节效应

5.7 检验结果与讨论

通过对前面模型的实证分析,本书所提出的多维度理论模型和研究假设得到了有效检验,实证研究结果汇总如表 5.27 所示。

表 5.27　　　　　　　　假设检验结果

假设	内容	实证结果
H1a	知识源广度对探索式创新绩效具有显著正向影响	支持
H1b	知识源广度对利用式创新绩效具有显著正向影响	支持
H1c	过宽的知识源广度对探索式创新绩效具有显著负向影响	不支持
H1d	过宽的知识源广度对利用式创新绩效具有显著负向影响	不支持

续表

假设	内容	实证结果
H2a	知识源深度对探索式创新绩效具有显著正向影响	支持
H2b	知识源深度对利用式创新绩效具有显著正向影响	支持
H2c	过深的知识源深度对探索式创新绩效具有显著负向影响	不支持
H2d	过深的知识源深度对利用式创新绩效具有显著负向影响	不支持
H3a	知识源广度与知识源深度的平衡对探索式创新绩效具有显著正向影响	不支持
H3b	知识源广度与知识源深度的平衡对利用式创新绩效具有显著正向影响	支持
H4a	感知能力在知识源广度与探索式创新绩效间起到中介作用	支持
H4b	感知能力在知识源广度与利用式创新绩效间起到中介作用	支持
H4c	感知能力在知识源深度与探索式创新绩效间起到中介作用	支持
H4d	感知能力在知识源深度与利用式创新绩效间起到中介作用	支持
H5a	转化能力在知识源广度与探索式创新绩效间起到中介作用	支持
H5b	转化能力在知识源广度与利用式创新绩效间起到中介作用	支持
H5c	转化能力在知识源深度与探索式创新绩效间起到中介作用	支持
H5d	转化能力在知识源深度与利用式创新绩效间起到中介作用	支持
H6a	资本能力正向调节知识源广度与探索式创新绩效之间的关系	不支持
H6b	资本能力正向调节知识源广度与利用式创新绩效之间的关系	不支持
H6c	资本能力正向调节知识源深度与探索式创新绩效之间的关系	不支持
H6d	资本能力正向调节知识源深度与利用式创新绩效之间的关系	支持

5.7.1 知识源战略促进企业创新绩效提升

（1）研究结论显示了知识密集型服务企业知识源战略对企业创新绩效具有显著正向影响。这个结论符合中国知识密集型服务企业的创新现状。目前，我国知识密集型服务企业还处在粗放型的、初级发展的创新层次，提高企业创新能力的迫切要求和中国企业创新能力落后的现状之间存在着突出矛盾。因此，企业在进行创新的过程中，应充分调动内部员工对创新的热情和激情;在与主流用户密切联系时,应充分认识到领先用户在创新中的重要作用,邀请领先用户参与到新产品和服务的开发中;在与供应商联系时,注重长期利益,充分发挥合作创新的优势;使大学及研究机构所拥有的领先技术知识能够更好地为企业创新服务,将科研成果积极转化和商业化。在知识爆炸的时代,随着信息量的急剧增长,以及知识获取途径的丰富化,企业可以突破自身界限,建立灵活和相互信任为基础的内外部协作关系,有助于企业持续的提升其创新绩效。

(2)特别需要指出的是,知识密集型服务企业提高知识源广度比增加知识源深度对探索式创新绩效的提升作用更为显著;知识密集型服务企业增加知识源深度比提高知识源广度对利用式创新绩效的提升作用更为显著。模型检验结果表明,知识源广度对探索式创新绩效影响的显著性水平($\beta = 0.326$,$P = 0.000$)要略高于知识源深度对探索式创新绩效的影响($\beta = 0.320$,$P = 0.000$);知识源深度对利用式创新绩效影响的显著性水平($\beta = 0.291$,$P = 0.000$)要明显高于知识源广度对利用式创新绩效的影响($\beta = 0.207$,$P < 0.01$)。因此,企业应根据自身现状,积极调整其知识源战略。当需要提升其探索式创新绩效时,应努力提升其知识源广度;当需要提升其利用式创新绩效时,应努力提升其知识源深度。

(3)知识源广度与知识源深度的平衡对于利用式创新绩效具有显著正向影响,但对于探索式创新绩效的影响不显著。因此,企业为了提升利用式创新绩效,应注意知识源广度与深度之间的平衡,注意做好资源的分配和投放。与此相反,企业在提升探索式创新绩效时,不应一味地追求知识源广度和深度之间的平衡。

5.7.2 动态能力通过知识源战略提升创新绩效

(1)研究结论显示,知识密集型服务企业的组织动态能力对企业创新绩效具有显著正向影响。科技的飞速发展，不断引发新的创新浪潮，产品复杂程度不断提高，产品生命周期越来越短，日益激烈的市场竞争环境向知识密集型服务企业提出了更为严峻的挑战。企业需要尽快形成一种能够识别并适应不断变化的外部及内部环境的能力，这就是动态能力。对组织动态能力的建构应从感知能力、转化能力和资本能力三个方面入手，实证结果显示，感知能力、转化能力与资本能力均对企业创新绩效有直接显著正向影响。

（2）研究结论显示，感知能力和转化能力在知识源战略与创新绩效之间具有中介作用。因此，企业应努力提升对市场和技术变化的洞察力，增强应对外部变化并把握机遇的能力，将提高组织感知能力和转化能力纳入企业的核心能力建设体系。同时，研究结论还显示，资本能力在知识源深度与探索式创新绩效之间起到正向显著调节作用，随着资本能力的提高，知识源深度对探索式创新绩效的正向影响逐步加强。因此，企业应提升资本能力，充分挖掘和利用组织冗余资源，通过扩展知识源深度，提升组织的创新绩效。

5.8 本章小结

首先，本章在已有量表以及第 3 章的多案例研究和扎根理论分析的基础上，初步开发了适合中国情景的知识源战略、动态能力与企业创新绩效的测量量表。其次，通过大样本抽样调查收集数据，采用探索性因子分析和验证性因子等技术验证了适合中国知识密集型服务企业的知识源战略、动态能力与创新绩效的测量量表。最后，本章采用结构方程和逐步回归等分析方法，实证检验了知识源战略、动态能力与创新绩效关系的特征模型。

实证结果发现：第一，知识源战略对于提升企业创新绩效具有重要作用。无论是知识源广度还是知识源深度对企业创新绩效都具有显

第5章 动态能力视角下知识源战略与创新绩效的多维度模型验证

著正向影响,但两者对于不同创新绩效的边际效应不同。知识源广度比知识源深度更有利于提升企业的探索式创新绩效,知识源深度比知识源广度更有利于提升企业的利用式创新绩效。但随着知识源深度的增加,其对创新绩效的边际贡献逐步递减,原因是过度的知识深度会产生一定的负向影响并导致知识边际收益递减。第二,知识源广度与知识源深度的平衡对于利用式创新绩效具有显著正向影响,但对于探索式创新绩效的影响不显著。这也就意味着为了提升组织的利用式创新绩效,企业应注意知识源广度与知识源深度之间的平衡。与此相反,在提升探索式创新绩效时,知识源广度与深度的平衡不呈现显著影响。第三,感知能力和转化能力在知识源战略与企业创新绩效之间具有中介作用。但对于不同的创新绩效,两者的中介效应有所不同。感知能力和转化能力在知识源战略与探索式创新绩效间具有部分中介效应;感知能力在知识源战略与利用式创新绩效之间具有完全中介效应;转化能力在知识源广度与利用式创新绩效之间具有完全中介效应,在知识源深度与利用式创新绩效之间具有部分中介效应。第四,资本能力对企业的探索式创新绩效和利用式创新绩效都具有直接显著正向影响。但资本能力与知识源战略的两个不同维度的交互所产生的作用不同,这也就意味着资本能力对于两个不同维度的创新绩效的调节效应要比已有的研究更加复杂。资本能力在知识源深度与探索式创新绩效之间起到正向显著调节作用,随着资本能力的提高,知识源深度对探索式创新绩效的正向影响逐步加强。这是因为,当企业的资本能力更强时,企业能够充分挖掘和利用组织冗余资源,以进一步提升企业的知识深度从而提升组织的创新绩效。然而,资本能力在知识源广度与企业创新绩效之间并未显现调节作用,原因可能是当企业拥有较多的冗余资源时,企业可能更愿意将冗余资源投入可替代的工具或产品中以提高创新绩效,而不是聚焦于拓宽企业的知识源广度。

  本章的工作不仅在于实证检验了知识源战略、动态能力与创新绩效的测量量表,而且系统地探究了知识源战略、动态能力与创新绩效的效应关系，对比分析了知识源战略（广度/深度/平衡）与创新绩效（探索式和利用式）两个维度的异同，以及动态能力在其中的多重中介和调节作用，为后继的研究提供了多维度的框架。

然而，知识与创新的关系并非简单的静态关系，企业的知识源战略和创新绩效间的关系应该是一个动态演化的过程。目前，关于知识源战略与创新绩效的实证研究主要停留在静态关系层面，探讨两者动态关系变化的实证研究十分有限。然而，知识和创新本身就是一个不断发展和变化的动态过程。因此，探究知识源战略与企业创新绩效的动态变化路径和更深层次的原因，无疑是一个非常有价值的研究点。

动态能力视角下知识
源战略对创新绩效的
多维度影响
Chapter 6

第6章 知识源战略与创新绩效
关系的动态演化路径

通过文献综述、质性研究和传统统计学分析，本书验证了知识源战略、动态能力与创新绩效之间存在的静态关系。然而，已有学者指出企业的创新是一个过程（Shantz，2003；Utterback & Acee，2005；傅家骥，1998），因此，知识源战略与创新绩效之间的交互作用并非简单的"线性""因果"关系，很可能存在"阶段性"和"动态演化"的规律（Jin et al.，2014）。因此，本章拟根据遍历理论，采用机器学习方法并借鉴适合度景观理论对知识源战略与创新绩效之间的动态演化关系进行描述和分析。

6.1　研究目的[①]

综合以往的研究发现，知识源是影响企业创新绩效的重要因素。随着研究的深入，一些学者开始意识到，创新绩效与相关要素的动态演化关系将是未来深化创新理论研究的关键步骤。因此，本章的研究目的在于：根据遍历理论，采用机器学习方法并借鉴适合度景观理论，探究知识源战略与企业创新绩效之间的动态变化规律。

6.2　相关理论

目前，关于知识源与创新绩效的研究主要停留在静态关系的研究层面，探究两者动态关系变化的理论与经验研究都十分有限。然而，企业创新本身就是一个动态发展的过程，它是一个包含形成、发展、停滞、再发展，甚至衰退等多阶段的动态演化过程。因此，在中国情

---

① 知识源战略与创新绩效关系的动态演化路径核心内容，发表在《Technology Analysis & Strategic Management》（SSCI）2018 年第一期。

景下考察知识源战略与创新绩效的动态演化路径并探究变化的深层原因,无疑是一个非常有价值的研究点。

在进行动态演化分析之前,本书首先对相关理论进行系统总结,并厘清不同理论与本书内容之间的逻辑关系。

6.2.1 遍历理论

遍历理论(ergodic theory)又称各态历经理论,是研究保测变换的渐近性态的数学分支。它起源于对为统计力学提供基础的"遍历假设"的研究,并与动力系统理论、概率论、信息论、泛函分析、数论等数学分支有着密切的联系。遍历理论认为宏观测量的物理量都是一个微观相当长时间的平均值,并试图回答随机过程的各数字特征(集合平均)如何用一条样本函数的特征(时间平均)来代替。

长期以来,数学的遍历理论研究的主要对象是保测变换,其中心问题之一仍然是探讨适当的条件以保证"时间平均(这里取离散形式)=空间平均",即:

$$\lim_{n\to\infty} \frac{1}{n} \sum_{k=0}^{n} f(\varphi^k(x)) = \int_x f d\mu \tag{6.1}$$

其中,f 是定义于 x 上的适当函数(其背景即统计力学中的物理量),整数 k 可视为离散化的时间变量,φ^k 表示 φ 的 k 次相继作用,即:

$$\varphi^0(x) = x, \varphi^1(x) = \varphi(x), \varphi^2(x) = \varphi(\varphi(x)), \cdots \tag{6.2}$$

在遍历理论的数学研究不断深入的过程中,这一理论的最初目标(证明各种具体的哈密顿力学系统的遍历性)始终是人们最重视的问题之一。从 20 世纪 50~60 年代,柯尔莫哥洛夫、В. И. 阿诺尔德和 J. K. 莫泽对这一情形进行了深入的研究,他们得到的 KAM 定理指出:上述状况经过小扰动并不会消失,大部分不变环面仍然存在,只是形状稍有改变。这一意义重大的定理表明,遍历性的统计物理应用具有广泛的适用性,至少对于一些重要的情形来说从这一理论推导出的结果与实验事实吻合。辛钦早期的一项研究也指出,当系统的自由度无限增大时，遍历的可能性也就越来越增大。

遍历理论从自然辩证法的角度进行诠释，其核心思想是人们认为他们能从自己看到的采样中总结出分布规律。为了更深入地阐释知识源战略与企业创新绩效的内在演化路径，本书引入了遍历理论作为动态分析的基础理论依据，提出通过规模样本企业的知识源战略与创新绩效关系分析，总结出单个企业知识源战略与创新绩效之间的动态演化路径。

6.2.2 机器学习

所谓机器学习（machine learning），就是一些工具和方法，凭借这些工具和方法人们可以从观测到的样本中提炼模式和归纳知识。在特定情境下，人们可以记录研究对象的行为，从中学习，然后对其行为建模，该模型反过来促进人们对该情境有更深入的理解（Media，2012）。机器学习方法摒弃了统计学依据假设进行验证的漫长历史，使用实际预测精度作为性能的独特测量。这让人们能够有机会去探索更加复杂的学习模型来捕捉那些隐藏在大型现代数据中的"真实"信息。尽管机器学习方法和传统的统计工具都可以应用在数据分析上，但它们的基本原理和特点却相当不同。统计数据分析源自数学，更加注重理论，因此在从结果得出令人信服的结论之前，应该执行其他统计分析，如数据质量评估、可信区间或假设测试。所以统计分析要求数据应该是格式良好的，应该是足够简单的线性回归模型，以便可以给出一个在预测误差范围内的严格的数学证明（Ziegel，1997）。而大多数的机器学习模型使用的是起源于计算机科学领域的工具方法，更加注重对研究数据的模式提炼。相对于统计数据分析，机器学习的独特优势包括：第一，可以用混合值类型（离散、连续、二元分组、多元分组，甚至缺失的值）处理大数据和实时数据流；第二，可以选择从不同的学习模型和控制参数来捕获数据的非线性或高阶结构；第三，可以认知那些无法用数学公式表示的复杂模型；第四，可以通过维度映射可视化数据和预测曲线；第五，可以整合其他数据库管理系统中的学习模型。

6.2.3 适合度景观理论

适合度景观理论（fitness landscapes theory）最早源自生物学领域，用来描述生命有机体为了获得在环境中更好的生存和适应能力而不断进化，这个进化的过程可以看作是一个在有许多山峰和山谷的三维景观上的自适应行走过程。由高度或深度不同的山峰和山谷等构成的地形，能形象地展现特定变异所产生的该物种适存能力的升降变化情况，以及适存能力变异中各项基因特征的演化或进化轨迹。后来经过复杂性科学领域学者的发展，适合度景观分析思想逐步成为一种"地形图模型"的可视化工具，用以形象直观地表征复杂系统所处环境状态及其演化路径的重要模拟与分析（Levinthal & Warglien，1999；冯彦杰和徐波，2008）。20世纪90年代以来，这一理论拓展开始应用于管理学和经济学领域，并取得了突破性认识，即企业的生存环境并不全是一个山峰的平滑地形，而可能是崎岖的、有许多高低不等的山峰和低凹的山谷所组成（Merry，1999；Dooley & Van De Ven，1999；McCarthy & Tan，2000；Ian，2004；吴伟伟、朱彬和于渤，2006），并逐步应用到组织演化（Beinhocker，1999）、技术战略（McCarthy，2003）和创新网络（Frenken，2000）等研究中。

企业创新进化系统与生物进化系统具有一定的结构相似性。Schumpeter（1945）曾指出："创新如同生物的迁徙，通过过程的突变使得工业经济结构不断地从内部进行变革并破旧立新"。因此，企业的创新绩效并非一个平滑的地形，而是由许多高低不等的高峰和山谷构成的三维空间。为了生存和发展，企业需要不断地在创新景观上迁徙或适应性行走，寻求适应性提升的目标方向和最佳路径选择。

6.3　研究方法

本章拟采用机器学习方法模拟知识源战略与创新绩效关系的动态演化过程，主要是基于机器学习的学习模型能够更加贴近应用实际，能够认知那些无法用数学公式表达的复杂结构，并通过维度映射可视化这种复杂结构。目前，机器学习主要包括三种典型的学习模型：树状模型、核函数模型以及神经网络。本章将对这三种类型的研究方法具体介绍如下。

6.3.1　树状模型

本书主要采用树状模型（tree – based models），不仅是因为它的结构非常类似于知识管理的决策树，而且还因为其分段常数拟合曲线能够最大化解释知识源广度和知识源深度对探索式创新绩效和利用式创新绩效的分段影响。在树状模型中，本书把数据的特征空间递归地执行了二进制分区，并且用二叉树来表示分区点的顺序，采用了（Berk，2008）提出的分类和回归树（classification and regression tree，CART）。C4.5 和 C5.0（Dietterich，2000）是其他流行的树模型，但它们有着相似的观点。在 CART 中，本书每次在特征值向量中选取一个特征值，并沿其维度把特征空间分割成两个区域，对于每一个区域重复相同的过程，直到符合某个停止条件。通过这一系列的分区后，最终将原始特征空间分割成一组矩形区域，因此，如果用简单的模型来估计每个区域的目标函数，就可以通过它们的组合来预测目标函数在整个特征空间中任意一点的值。树状模型的关键优势是用一个二叉树可以解释整个分割过程。CART 的这些属性如图 6.1 所示。

图 6.1 左边显示了三次分割之后的一组矩形区域，右边显示可以代表这些分割的相应树。

第 6 章 知识源战略与创新绩效关系的动态演化路径

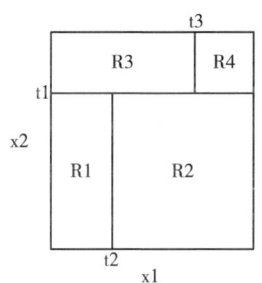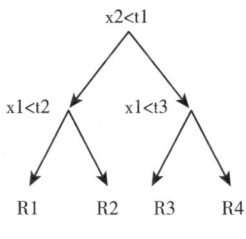

图 6.1　CART 以二维特征空间（x1, x2）的分区示例

（1）数学公式。

首先给出 CART 的数学表示。本书从两个基本假设开始，所有的子区域都不相交：$R_i \cap R_j = \phi$，$\forall i \neq j$，以及每一个分区都是一个长方形：如果让 S_j 代表特征空间维度 x_j，并且 $s_j \subseteq S_j$ 是它的子集，然后对于任何 R_m，可以唯一确定 $\{s_{jm}\}_{j=1}^{n}$ 以至于 $R_m = \cap_{j=1}^{n} s_{jm}$。然后我们的问题成为如何估计 $\{\hat{s}_{jm}\}_{j=1,m=1}^{n,M}$，以至于预测精度是最大化的。然而，当 M 很大时，这个问题仍然不能解决。这里，我们试图通过递归贪婪分割策略找到近似解。具体来说，在贪婪算法中我们递归地执行二进制分区特征空间，并且在每次迭代中，选择一个现存的子区域 R_m，某一特定维度 j^* 和沿其维度的一个分割点 $t_{j^*m^*}^*$ 进行分区，使这次分割预测精度的提高最大化。因此，如果我们使用平方误差的总和（sum of squared error，SSE）作为误差函数，我们想找到：

$$(m^*, j^*, t_{j^*m^*}^*) = \mathop{\mathrm{argmin}}_{\substack{1 \leq m \leq M \\ 1 \leq j \leq n \\ t_{jm} \in s_{jm}}} \sum_{x^i \in R_m} ((y^i - \bar{y}_l \mathbf{1}(x_j^i \in t_{jm}) - \bar{y}_r \mathbf{1}(x_j^i \in s_{jm}/t_{jm}))^2 - (y^i - \bar{y}_m)^2) \quad (6.3)$$

这里，$\mathbf{1}(x)$ 是一个指标函数，如果状态 x 被满足就取值为 1，$\{x^i, y^i\}_1^N$ 是调研中的 N 个数据点，$\bar{y}_l$ 和 $\bar{y}_r$ 分别是左右两个子区域目标数据点的均值，通过对 R_m 的分割，这里 $\bar{y}_m$ 是 R_m 中所有 x^i 的目标均值。一旦我们构建了基于 $\{x^i, y^i\}_1^N$ 的回归树，我们可以预测任何新的特征向量下 $x \in R_m$ 目标函数的值，也就是 $\bar{y}_m$，这个特征向量落在的子区域内所有调研目标数据的均值。

(2) 偏方差权衡。

我们已经定义如何递归地生长决策树,但我们仍然需要知道如何停止继续分割。通常,当树太小时,就不能捕获数据复杂的底层结构,导致高预测偏差;当树太大时,又会过度拟合数据的嘈杂的细节,导致高预测方差。因此我们应该为CART定义一个合理的停止条件,在偏差和方差之间取得平衡,来达到预测误差最小化。然而,我们很难把这个停止条件放在我们贪婪迭代分割的算法中,因为很难基于当前的分割表现来决定是否停止。例如,一个在现在看来"无价值"的分区,可能会导致在其子区域中产生一个在未来很有价值的分区。所以更好的策略是:生成完整的决策树,使每个叶节点仅包含一个或几个数据点,然后自下而上合并内部的节点,直到取得合适的树所对应的正则化参数的大小(Omidvar & Dayhoff, 1998)。这个参数可以通过交叉验证错误最小化(Breiman, 1996),或标准误差最小化(Webb, 2002)来计算。

(3) CART的优缺点。

递归的树状分区决定了CART作为学习算法独特的优点和缺点。CART的最大优势是可以诠释企业创新和知识管理领域的自然发展规律。此外,它可以接受混合类型的特征值(Loh & Vanichsetakul, 1988),甚至通过替代分裂来接受缺失数据的特征值。此外,它能够有效处理不相关的和未缩放的特征。但CART与其他学习算法相比,预测性能较低:第一,它可能会有高偏差,因为子区域 R_m 仅仅是矩形;在每个子区域的拟合曲线 $\bar{y}_m$ 恰好是常量;当树发展得更深入时,我们所拥有的用来支持每个次区域拟合的数据点会更少;任何新特征的预测必须通过整个树并有很高的级别,可以快速弥补第二个缺点的是MARS(Friedman, 1991)通过使用分段线性回归来替代每个子区域的平均拟合。第二,由于贪婪分区策略,它可能会有高方差。

(4) 提升树。

这里,我们介绍一种促进技术来减少树状模型的偏差和方差。

第6章 知识源战略与创新绩效关系的动态演化路径

"促进"的基本思想是把若干单一 CART 按序列排好组成一个集合，后面的 CART 着重于之前模型未充分估计的数据点，使用这个集合会比使用单一的 CART 有更好的预测精度。最受欢迎的促进技术演算法 AdaBoost 采用指数损失函数和自适应提高那些低预测精度的数据的权重（Freund & Schapire, 1997）。本书中我们应用了由 Friedman（2002）引入的随机梯度促进技术，以便用若干个单一 CART 构建多元递增回归树（MART）。基本思想是：我们学习一个序列 CART 的下降梯度的损失函数，这样能够最小化组合的最终预测误差。

形式上，我们定义损失功能的总和

$$L(y^i, f(x^i)) := 1/2 (y^i - f(x^i))^2 \tag{6.4}$$

其中，$f(x) := \sum_{j=1}^{K} T_j(x)$ 是用 K 个 CART 即 $T_1, \cdots, T_k$ 对 MART 的预测。然后我们可以递归地学习它们，并且在每个迭代 k 中，我们做以下步骤：

第一步，估计当前的预测数据 $f_i^k := \sum_{j=1}^{k} T_j(x^i)$，并且 initial $f_i^0 := 0$。

第二步，估计斜率 $g_i^k := -\partial L(y^i, f_i^k)/\partial f_i^k$。

第三步，通过数据集 $\{x^i, g_i^k\}_1^N$ 学习 CART，为了得到次区域 $\{R_m^k\}_{m=1}^M$。

第四步，估计每个次区域的步长 $\alpha_m^k := \text{argmin}_\alpha \sum_{x^i \in R_m^k} L(y^i, f_i^k + \alpha)$。

第五步，得到现有 CART 的预测 $T_{k+1}(x) := \sum_{m=1}^{M} \alpha_m^k 1(x \in R_m^k)$。

在这里可以通过交叉验证来估计迭代次数 K。

（5）MART 的解释。

CART 可以通过二元决策树来表示。然而，MART 作为 CART 的线性组合，需要通过不同的方式来表达。在社会科学研究中，我们更感兴趣的是解释特征和目标之间的关系而不是仅仅执行相当多的预测。这也是我们为什么选择 MART 而不是 NN 或 SVM 的主要原因。

为了探究潜在的关系,我们应该考虑目标函数上每一个特征的重要性和影响性。

对于一个树 T,每一个特征 x_j 的重要性(或关联性)通过如下公式来衡量:

$$l_j^2(T) = \sum_{t=1}^{J-1} i_t^2 1(v_t = j) \tag{6.5}$$

这里对于树 t 的内部结点 J − 1 中的每一个,分割沿着维度 v_t 在特征空间执行。选择这一维度来最大化 SSE 上的估计改进 i_t^2。一般来说,第 j 个特征的重要性取决于用于执行一个分区的频度和这个分区有对于良好估计的贡献。这项测量可以很容易扩展到 MART,因为 $I_j^2 = 1/K \sum_{k=1}^{K} I_j^2(T_k)$。

一旦识别最重要的特征,我们也想知道它们如何共同影响目标。不幸的是,当特征空间的维度高时,就不可能得到可视化的联合关系。不过,我们可以绘制基于一个或两个特征目标的部分依赖,通过计算其他特征的期待值。例如,如果 $S \cup S' = \{1, \cdots, n\}$,那么 x_s 的部分依赖就是:

$$f_s(x_s) = E_{x_{S'}} f(x_S, x_{S'}) \approx \frac{1}{N} \sum_{i=1}^{N} f(x_S, x_{S'}^i), \tag{6.6}$$

后面的这个公式是部分依赖的样本估计。在本书中,我们会经常使用重要性平面图和部分依赖关系来论证我们的论点。

6.3.2 核函数模型

线性模型已经在统计学中开发得很好,但实际数据往往在目标和特征之间表现出非线性关系,导致使用这些模型有高预测偏差。基于核函数模型(kernel – based models)的思想是把特征向量 x 映射到更高维度的特征空间 φ(x),并且间接地估计更高维度的线性函数 w · φ(x),通过核函数 k(x, x') : = φ(x) · φ(x')(Muller, et al., 2001)。或者,我们可以想象,一个新特征向量的核函数向量表达了这个特征向量和所有调研数据的特征向量的相似度。通过这种方法，可以在更高维度的特征空间中用线性函数捕捉到本来非线性的数据结构。四个常用的可选择的核函数包括：

- 线性函数：$x \cdot x'$；
- d – 次多项式：$(\gamma x \cdot x' + \beta_0)^d$；
- 径向基函数（RBK）：$\exp(-\gamma |x - x'|^2)$；
- 神经网络函数：$\tanh(\gamma x \cdot x' + \beta_0)$。

Hofmann 等（2008）评估了核函数模型的数学性能和特点。

（1）支持向量机。

支持向量机（support vector machine，SVM）是一个强大的学习模型，源自使用核函数在更高维度的特征空间内训练超平面线性分类器。它首次应用于二元分类，通过在高维特征空间最小化分类的折叶损失。具体来说，为了在原始特征空间学习线性模型，我们解决了优化问题：

$$\text{minimize}_{w,b,\xi} \frac{1}{2} \|w\|^2 + C \sum_{i=1}^{N} \xi_i \tag{6.7}$$

subject to $y(w \cdot x + b) \geq 1 - \xi, \xi \geq 0$

其中，w 是系数，b 是截距，$C > 0$ 是正则化成本，并且 ξ 被引入以软化决定边界进而减少方差。基于 KKT 条件，我们令 $w = \sum_{i=1}^{N} \alpha_i y^i x^i, \alpha \cdot y = 0$ 为互补条件。代入拉格朗日对偶函数后：

$$\text{minimize}_{w,b,\xi} \frac{1}{2} \alpha^\tau Q \alpha + \alpha^T 1 \tag{6.8}$$

subject to $\alpha^\tau y = 0, \alpha_i \in [0, C], \forall i = 1, \cdots, N$

这是一个二次规划，$Q_{ij} := y^i y^j (x^i \cdot x^j)$ 可以被扩展到核矩阵，得到 $K_{ij} := y^i y^j (\phi(x^i) \cdot \phi(x^j)) = y^i y^j k(x^i, x^j)$。这个优化问题可以被重写成正规化的线性回归形式：

$$\text{minimize}_{w,b} \sum_{i=1}^{N} L(y^i, f(x^i)) + \frac{1}{2c} \|w\|^2, \tag{6.9}$$

其中，$f(x) = w \cdot \phi(x) + b$ 是估计值，并且 $L(y, f) = (1 - yf)_+$ 是

铰链损失。通过用 ε-非灵敏损失函数 V(y-f) 替代铰链损失，把回归问题扩展到了支持向量机，得到：

$$V(r) = \begin{cases} 0 & \text{if } |r| < \epsilon, \\ |r| - \epsilon & \text{otherwise.} \end{cases} \tag{6.10}$$

同样的，支持向量机通过比较不同的分组被延伸到了多元分类问题（Tsochantaridis et al.，2004）。

（2）扩展和参数选择。

支持向量机由于使用了核函数，对缩放和特征的变量类型非常敏感，因此我们应该分两步预处理数据：

第一步，标准化所有数字特征到零均值和单位方差。

第二步，替换所有二进制特征，用 {-1，+1} 标签替代 {0，1}，并且用指标矩阵元素 {-1，+1} 替代分类特征。

请注意，我们应该规范化数据的训练过程和未来预测（测试）过程。

此外，支持向量机对于回归非常灵活，包括控制参数成本 C、不敏感损失 ε 和内核参数如 γ。因此，我们应该选择适当的内核和控制参数，以使预测性能得到优化。一个简单但安全的方法是在可能的参数范围内执行网格搜索，并且基于交叉验证的精度找到最好的那些控制参数。然而，这个蛮力搜索需要花费时间，但路径算法可以被用来更有效地找到 C（Hastie et al.，2004）。其基本思想是从一个小成本 C 开始，并在每一次迭代中增加它，并且保持跟踪当前支持向量的交易和目标函数，直到获取最小值。

（3）支持向量机的优缺点。

支持向量机的主要优势是，它可以通过实施线性模型找到复杂的非线性结构，如通过内核函数在扩大的特征空间含蓄地分离超平面。此外，支持向量机是非常灵活的，以至于我们可以选择不同的核函数和控制参数以最大化预测精度。相反，支持向量机的最大缺点是缺乏解释力，因为支持向量机是一个"黑盒"并且输出的只是支持向量的列表。对不同比例和无关特征也非常敏感，所以对数据进行预处理是非常必要的。

6.3.3 神经网络

神经网络（neural network，NN）是一种流行的脑模拟学习模型，通过一组逻辑回归对模型进行结构化（Gortmaker，1994）。最简单的神经网络结构如图 6.2 所示，其由一个三个单元的隐层组成。

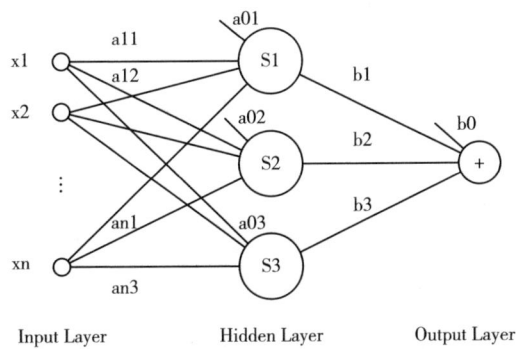

图 6.2 三个隐藏单位的神经网络的结构

注：a 和 b 是输入特性和隐藏单位的权重，S 表示 S 型函数。

形式上，一个单层神经网络 NN 的目标可以被估计为：

$$f(x) = \sum_{m=1}^{M} b_m s\left(\alpha_{0m} + \sum_{j=1}^{n} \alpha_{jm} x_j\right) + b_0, \quad (6.11)$$

这里 M 代表隐藏层的大小。我们使用反向传播来估计随机梯度下降的参数。对于单层的神经网络，修正的原则是：

$$b \leftarrow b + \eta(y^i - f(x^i))s^i \quad (6.12)$$

$$\alpha_{j\cdot} \leftarrow a_{j\cdot} + \eta(y^i - f(x^i))S_j^i(1 - s_j^i)x^i \quad (6.13)$$

对所有数据 $\{x^i, y^n\}_1^N$ 在每次迭代中，步长（学习率）是 η。这里，停止条件可以通过交叉验证最优偏差—方差权衡来确定。具体的多层神经网络可以通过一个图表来扩展，图表中的每条边都与权重有关。

（1）细化。

神经网络是由许多参数组成的复杂结构，会导致过度拟合。这里有几种方法可以减少预测方差。

一种方法是估计一个好的停止条件，或添加一个正则化项，如权重减弱或权重消除（Lange，1997），可以估算出适当数量的隐藏层和单位，以控制神经网络的复杂性。通常1~2个隐藏层已经足够，5~50个单元可以被用来构造数据结构的每一层。此外，神经网络的损失函数是非凸形的，并且我们可以实现不同起始点的不同局部的最小化，但同时会导致高方差。为了克服高方差，我们随机选择初始权重大约为0并且执行BAGGING（bootstrap aggregating）以获得稳健的模型（Dybowski & Gant，2001）。

另一种方法是神经网络提出的贝叶斯推理，使用马尔可夫链蒙特卡尔理论，为了提高神经网络的整体表现，我们应该做一些预处理，如函数扩展和函数选择。

（2）神经网络的优点和缺点。

神经网络的主要优点是：

- 可以处理相关的多个目标并找出其中的复杂关系。
- 有几个控制参数（如隐藏层和单元的数量、学习速度）可以用来调整以实现良好的表现。

神经网络的主要缺点是：

- 它是一个"黑盒"，我们无法从模型参数得知每个特征对于目标的贡献。
- 它不能接受分类或缺失函数。
- 对于无关和未缩放特征敏感。

6.4 数据处理与动态分析

6.4.1 数据处理过程

在本节中，我们将介绍运用不同学习模型进行数据处理的过程，其中包括如何对每个模型进行评价和估计每个模型的最优控制参数。

第6章 知识源战略与创新绩效关系的动态演化路径

正如我们所知,良好的学习模式必须考虑到预测偏差和方差之间的权衡。尤其是在基于调查的机器学习中,如果数据集不大,要关注减少模型的预测方差。因为调查数据多是基于主观判断,本身有较高的测量噪声。为了评估每个学习模型的表现,我们不仅要估计模型与测量数据的吻合程度如何(训练数据),就如我们在传统的统计分析中所做的;我们还需要估计该模型对看不见的数据的预测(测试数据)。因此,我们将重复以下三个步骤。

步骤1 随机将214个数据分为180个训练集和34个测试集。

步骤2 在训练集中训练学习模型。

步骤3 使用该模型拟合训练集和测试集中的数据,并分别计算训练集和测试集的R^2值。

这里,数据集的R^2值可以这样计算:

$$R^2 = 1 - \frac{\sum_{i=1}^{m}(\hat{y}^{(i)} - y^{(i)})^2}{\sum_{i=1}^{m}(\bar{y} - y^{(i)})^2} \tag{6.14}$$

其中,m代表数据集的大小,$\hat{y}$代表拟合目标值,$\bar{y}$是真实目标值的均值。如果一个学习模型具有较低的偏差和方差,那么相对应的其训练集和测试集的R^2值就会比较高。然后计算所得到的50个训练和测试数据的R^2的均值,以更正确估计每个学习模型的表现。

为了估计好控制参数,我们首先把它固定在某个定值,并10倍交叉验证来评估表现结果:

(1)随机将训练集分为10个大小相等的子集。

(2)将控制参数固定到某个值并选择一个子集作为测试集。

(3)在另外9个子集中训练模型,并在选择的子集中估计测试集的R^2值。

(4)再重复步骤3九次,每次选择不同的子集作为测试集。

我们可以把控制参数设定在几个不同的值,估计每个可能的组合的测试集的R^2值,最后选择测试集R^2值最高的那一个。

在MART(multiple additive regression tree)里,迭代的次数是唯

一的控制参数。图 6.3 绘制了以利用式创新与知识广度和深度关系为例的,交叉验证中训练和测试的误差与迭代次数的关系。我们可以验证,当模型复杂度达到一定程度后,如果继续增加复杂性,训练误差仍单调减少,而测试误差会增加。

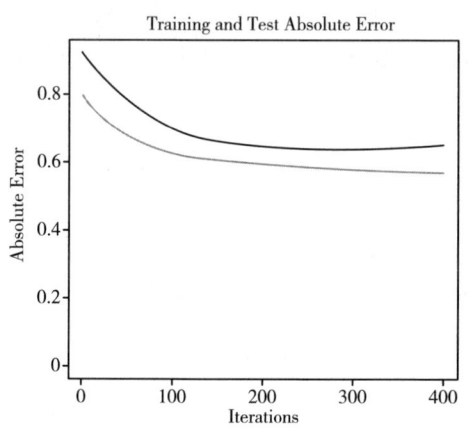

图 6.3　交叉验证的训练误差（黑线）和测试误差（红线）与 MART 的迭代次数

相比较而言,神经网络（NN）有更多的控制参数,如隐藏单元的数量、衰变速率权重和向后传播的迭代次数。同样的,我们可以基于交叉验证的测试误差来确定每个参数的值。以利用式创新对知识广度和知识深度的回归为例,图 6.4 显示了 30 个交叉验证测试 R^2 值的箱线图在每个隐层的大小（从 1 到 10）。我们可以看到 9 是具有最高

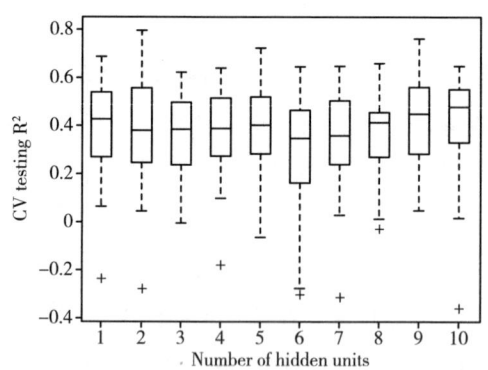

图 6.4　测试集 R^2 值的箱线图与神经网络中隐藏单元的数量

均值的单元数量和测试集 R^2 值的最低变化。

接下来，我们可以根据偏方差权衡定义最佳迭代次数。图 6.5 绘制了神经网络的训练和测试误差和最佳的迭代次数 4。图 6.6 显示了测试误差分布。

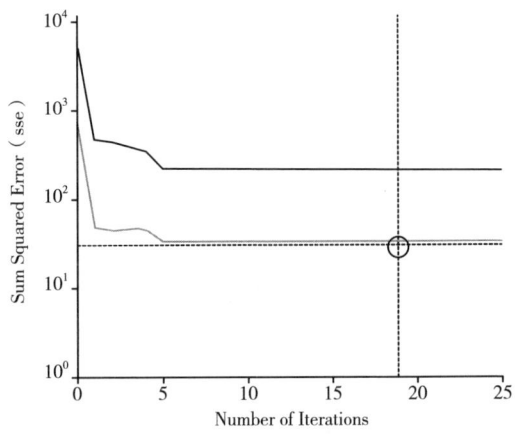

图 6.5　交叉验证训练和测试误差与神经网络的迭代次数

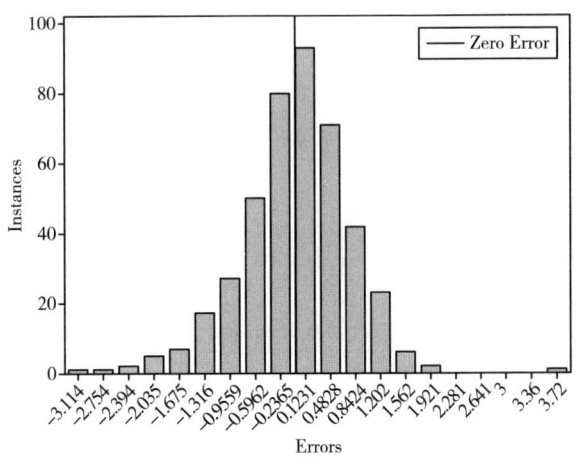

图 6.6　交叉验证测试误差在神经网络中的分布

支持向量机（SVM）是另一个灵活的学习模型，在这个学习模型里我们可以选择不同的核函数、成本参数 C 的值和不敏感损失参

数 ε。然而,选择的过程和 MART 以及神经网络很相似,即根据交叉验证测试误差进行比较。

6.4.2 动态演化路径分析

本小节将以遍历理论为基础,采用机器学习算法,通过适应度景观理论呈现"知识源战略与创新绩效"之间的动态演化路径。根据 James 等 (2013) 检验机器学习的方法可知,训练集(train)的 R^2 值越高,表示偏差越小、拟合度越高;测试集(test)的 R^2 值越高,表示方差越小、稳定度越高。因此,我们将比较 MART、LR、NN 和 SVM 四种不同学习模型的训练集和测试集的 R^2 值,并从中选择最具有解释力的模型进行分析。

首先,分析知识源广度与知识源深度对探索式创新绩效的影响,四种不同学习模型的 R^2 值分析如表 6.1 所示。

表 6.1　知识源广度与知识源深度对探索式创新绩效影响的 R^2 值分析

R - square	MART	LR	NN	SVM
Train	**0.3937**	0.3902	**0.4365**	0.3911
Test	0.2949	0.3499	**0.4314**	0.3559

其次,分析知识源广度与知识源深度对利用式创新绩效的影响,四种不同学习模型的 R^2 值分析如表 6.2 所示。

表 6.2　知识源广度与知识源深度对利用式创新绩效影响的 R^2 值分析

R - square	MART	LR	NN	SVM
Train	**0.3008**	0.2249	**0.3260**	0.3001
Test	0.1897	0.1959	**0.2394**	0.2056

由表 6.1 和表 6.2 的分析结果可知,采用 NN 学习模型,拟合度和稳定度都是最高的。考虑到在 NN 中我们可以将探索式创新和利用式创新共同当作目标函数拟合,而在其他模型中只能对其分别拟合,这说

明了探索式创新和利用式创新本身有较强的相关性。拟合度第二高的是 MART 模型,但 MART 模型的稳定度相对较低。这是因为 MART 是阶梯函数,导致在做预测时稍有偏差就会有很大波动;但鉴于本书是基于已有数据进行规律分析而并非预测,所以主要参考 MART 模型的拟合度系数,MART 模型的稳定度为辅。因此,我们选择拟合度最高的 NN 模型和拟合度第二高的 MART 模型进行数据模拟。知识源广度与深度对探索式创新绩效的模拟结果如图 6.7 和图 6.8 所示,知识源广度与深度对利用式创新绩效的模拟结果如图 6.9 和图 6.10 所示。

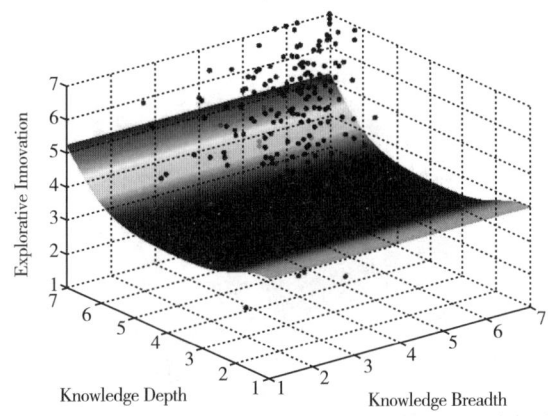

图 6.7 基于 NN 模型的知识源广度和深度对探索式创新绩效的影响路径

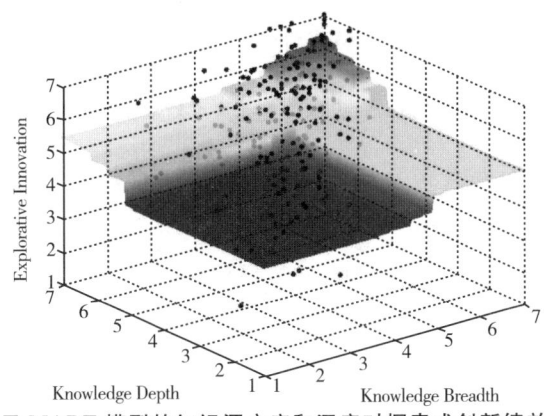

图 6.8 基于 MART 模型的知识源广度和深度对探索式创新绩效的影响路径

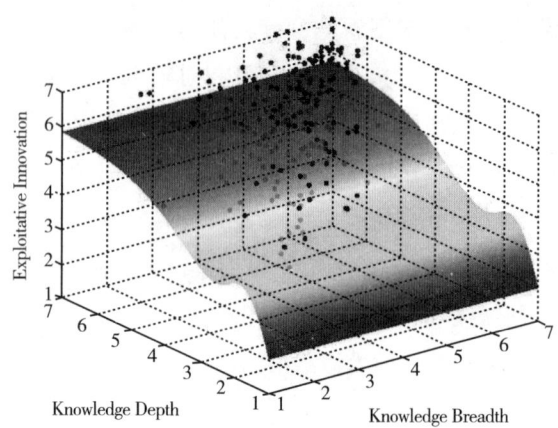

图 6.9　基于 NN 模型的知识源广度和深度对利用式创新绩效的影响路径

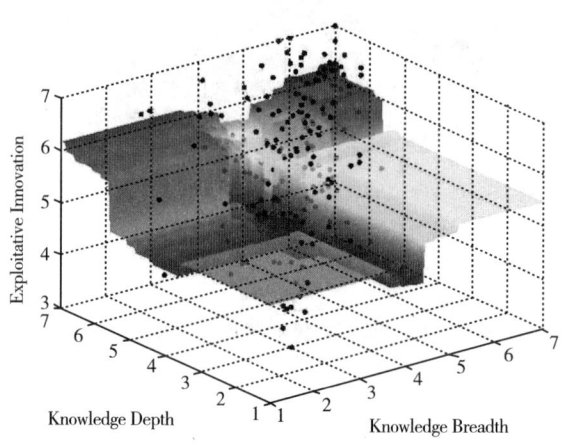

图 6.10　基于 MART 模型的知识源广度和深度对利用式创新绩效的影响路径

通过对比分析我们发现，基于 MART 模型的知识源广度和深度对创新绩效的影响路径模拟比基于 NN 模型的模拟更加贴近创新实际和更加具有解释力，因为它可以实现分段拟合。因此，我们选用基于 MART 模型的知识源广度和深度对创新绩效的影响路径模拟进行分析，并得出以下结论。

第一，知识源广度和深度对创新绩效的影响并非简单的线性关系，而是一个复杂的非线性关系。随着知识源战略的不断调整变化，

第 6 章　知识源战略与创新绩效关系的动态演化路径

企业创新绩效呈现出高低起伏的阶段水平。如同生物体的适合度景观，企业创新绩效本身也是一个不断演化的动态过程。从知识源广度和深度两个角度结合考察与创新绩效的关系，犹如延绵起伏的山岭地形，后部高位的"峰顶"代表企业创新绩效的最优点。

第二，知识源战略对创新绩效的影响呈现出一定的涌现性。当知识源广度与深度有了量的提升时，企业创新绩效会实现质的飞跃。一项创新的成功，可能会带动整个社会的发展。例如，计算机和互联网技术的发展，不仅带来了信息产业，而且创造了一个信息时代，这就是涌现。而知识源广度与深度的积累期，往往表现为企业创新绩效的平台整理期。所以企业必须持续地提升其知识源广度和深度，以最终实现其创新绩效的提升。

第三，知识源战略对不同维度的创新绩效呈现出不同的影响路径。从图 6.8 可知，当知识源广度和知识源深度都处于较低水平时，探索式创新绩效也处于较低水平；但当知识源广度处于较高水平，而知识源深度仍处于较低水平时，探索式创新绩效可以得到较快提升。由此可见，当知识源广度和知识源深度都处于较低水平时，单纯地关注知识源广度和知识源深度之间的平衡对于提升企业的探索式创新绩效没有实际意义，而是应该努力提升知识源广度和知识源深度，特别是知识源广度，以使企业更加有效地提升探索式创新绩效。与此相对比，通过图 6.10 我们可以看到，当知识源广度和知识源深度都处于较低水平但处于一个平衡态时，企业的利用式创新呈现出与其平衡态相对应的创新绩效；当知识源广度和知识源深度都处于较低水平但不平衡时，企业的利用式创新绩效与知识源广度和深度平衡时的创新绩效相比呈现出明显的下降趋势。因此，对于提升企业的利用式创新绩效，当知识源广度和知识源深度都处于较低水平时，应该关注两者之间的平衡，共同提升知识源广度和知识源深度的水平。但是当知识源广度和知识源深度都达到较高水平时，则适用于"双元"平衡理论，知识源广度和深度的平衡无论是对企业的探索式创新绩效还是利用式创新绩效都会有显著的提升。

第四，企业的创新绩效并非一个平滑上升的山坡地形，也不一定是一个逐步上升的阶梯地形，有可能是崎岖的，由高低不等的平台和峡谷组成。当由一个平台走向另一个更高平台时，可能需要先历经深凹的峡谷，以期攀登到更高的平台。由此可见，提升企业创新绩效的路径并非是不变和显现的，而是一个充满周折的"登山"过程。在企业创新绩效演化路径的选择上常常会面临一个"两难"处境：一是放弃眼前的创新绩效高度，沿着绩效下滑的山坡走向低凹的山谷，然后再登上更高的绩效平台；二是满足于眼前的创新绩效高度，选择次优的路径，沿着既定的路线登山，但最终会在与更具有竞争力的对手的较量中被淘汰出局。前一路径从长远看可能是更为明智的，但因为需要付出高昂的代价才能完成这样的"飞跃"，并具有很大的风险和不确定性，所以是许多计较眼前利益的企业所不愿去选择的。因此，借助MART模型对企业的创新绩效地形进行分析，可以直观地展现不同维度绩效地形中局部或全局的最佳点位置及其周围潜在的陷阱及障碍，以便企业创新绩效目标和路径的选择更趋于合理和有效。

6.5 研究结论探讨：动态结论与静态结论对比分析

由于个体案例无法代表事物的普遍发展规律，因此本书尝试依据遍历理论、运用机器学习方法，通过规模样本数据模拟出企业创新绩效的动态演化路径。机器学习作为自然科学领域最前沿的研究工具和方法，摒弃了传统统计学在验证之前必须明确研究假设的漫长历史，因此本书在尝试将机器学习方法运用到社会科学领域之际，认为有必要将所发现的研究结论与现存研究结论进行比较。这样做的目的有两个：其一，将研究发现与相类似的研究结论比较，可以深化和改进现

第6章 知识源战略与创新绩效关系的动态演化路径

有理论;其二,将研究发现与相冲突的研究结论比较,可以进一步厘清不同理论成立的情境条件。其主要结论及与现有研究结论的对比分析如下:

(1) 通过机器学习方法,我们发现当知识源广度和知识源深度都处于较低水平时,探索式创新绩效也处于与之相对应的较低水平;但当知识源广度处于较高水平,而知识源深度仍处于较低水平时,探索式创新绩效可以得到较快提升。这一研究结论与本书第5章传统统计学分析方法得出的结论具有部分相似性,即知识源广度比知识源深度对探索式创新绩效的边际贡献更大。但两种方法所发现的结论又有不同之处:通过机器学习方法发现的是在较低水平时,提升知识源广度可以较快提升探索式创新绩效,而当知识源广度和深度都处于高水平时则更加适用的是"双元"平衡理论,即知识源广度与深度的平衡更加有利于探索式创新绩效的提升。传统统计学方法只是笼统地验证知识源广度比知识源深度对探索式创新绩效的边际贡献更大,没有将其发展进程作为考虑因素纳入其中。

(2) 通过机器学习方法,我们发现当知识源广度和知识源深度都处于较低水平但处于一个平衡态时,企业的利用式创新呈现出与其平衡态相对应的创新绩效;但当知识源广度和知识源深度都处于较低水平但不平衡时,企业的利用式创新绩效与知识源广度和深度平衡时的创新绩效相比呈现出明显的下降趋势,因此知识源广度与深度的平衡有利于利用式创新绩效。同理,当知识源广度与深度都处于较高水平时,适用于"双元"平衡理论,即知识源广度与深度的平衡有利于利用式创新绩效。因此,无论知识源处于何种水平,知识源广度与深度的平衡始终对利用式创新绩效有显著正向影响。这一研究结论与本书第5章传统统计学分析方法得出的结论具有相似之处,即知识源广度与深度的平衡对利用式创新绩效有显著的正向影响。该结论与Katila和Ahuja(2002)的实证结论"搜索宽度与深度的平衡对产品创新有正向影响"也具有相似之处。

（3）通过机器学习，我们发现知识源广度与深度对创新绩效的影响并非简单的线性关系，而是一个复杂的非线性关系。在不同阶段，知识源战略对企业创新绩效的影响路径和机制是不同的。因此，企业的创新绩效并非一个平滑上升的山坡地形，而是由高低不等的平台和峡谷组成。而该发现是我们用传统统计学方法所无法模拟出来的，传统统计学通过回归实现对变量间的关系分析，而机器学习能够实现对样本数据的无数次切割和分组。但也有一些学者运用适应度景观理论进行研究，在组织搜索和技术创新方面提出了类似的观点（如 Winter, Cattani & Dorsch, 2007；王凤彬，2012），但由于所运用的研究工具仍然是传统的回归分析方法，因此所呈现出的仍是线性关系，只不过是三维立体的线性关系。但本书所呈现的是"非线性的""阶段性的"因果关系，因此能够更加真实地反映管理与创新的实际情景。

6.6 本章小结

通过第 2 章知识源战略、动态能力与创新绩效的相关文献综述，第 3 章的多案例分析和扎根理论研究，以及第 4 章和第 5 章的多维度模型的构建和验证发现，知识源战略和企业创新绩效之间存在静态的相关关系。然而，企业的知识源战略（广度/深度/平衡）与创新绩效（探索式/利用式）之间的交互作用并非简单的"因果"关系，很可能存在"动态演化"的规律。

因此，本章根据遍历理论，通过机器学习方法，运用适合度景观理论探究了知识源战略与创新绩效关系的动态演化规律。为了能够更加直观地考察创新绩效的动态变化，本章采用了 MART 学习模型通过规模样本数据绘制出了知识源战略与创新绩效关系的动态演化路径。并对不同维度的动态演化路径进行了系统的分析。最后，通过机

第6章 知识源战略与创新绩效关系的动态演化路径

器学习方法所发现的研究结论与现存研究结论进行了比较分析,厘清了不同理论成立的情景条件。

总之,本章的研究不仅是运用机器学习方法在管理学领域所作的探索性尝试,而且从更深的层面探讨了知识源战略与创新绩效之间的动态变化规律。

动态能力视角下知识
源战略对创新绩效的
多维度影响
Chapter 7

第7章 研究结论与未来展望

本章将在总结全书研究主要发现的基础上，对研究的理论贡献及实践启示进行探讨，最后将梳理本书存在的不足并提出未来可开展的研究方向。

7.1 主要研究结论

本书沿着中国知识密集型服务企业"知识源战略→动态能力→创新绩效"的逻辑思路，通过运用文献研究、案例研究、扎根理论、问卷调研、逐步多元回归等相关理论和研究方法，探究了知识源战略、动态能力与创新绩效的多维度作用机制。同时，采用机器学习方法并借鉴遍历理论和适合度景观理论，深入剖析了知识源战略与创新绩效之间的动态演化关系。先将本书的主要发现总结如下：

（1）知识源战略对企业创新绩效具有显著影响。无论是知识源广度还是知识源深度对企业创新绩效都具有显著正向作用，但两者对不同创新绩效的边际效应不同。通过对比分析发现，知识源广度比知识源深度更有利于提升企业的探索式创新绩效，知识源深度比知识源广度更有利于提升企业的利用式创新绩效。但随着知识源深度的增加，其对创新绩效的边际贡献逐步递减，原因是过度的知识深度会产生一定的负向影响并导致知识边际收益递减（Dosi，1988）。

（2）知识源广度与知识源深度的平衡对利用式创新绩效具有显著正向影响，但对探索式创新绩效的影响不显著。这也就意味着为了提升组织的利用式创新绩效，知识密集型服务企业应注意知识源广度与知识源深度之间的平衡。与此相反，在提升探索式创新绩效时，知识源广度与深度的平衡不呈现显著影响。

（3）感知能力和转化能力在知识源战略与企业创新绩效之间具有中介作用。但对于不同类型的创新绩效，两者的中介效应有所不同。感知能力和转化能力在知识源战略与探索式创新绩效间具有部分

第7章 研究结论与未来展望

中介效应；感知能力在知识源战略与利用式创新绩效之间具有完全中介效应；转化能力在知识源广度与利用式创新绩效之间具有完全中介效应，在知识源深度与利用式创新绩效之间具有部分中介效应。感知能力和转化能力有助于揭示知识源战略影响创新绩效过程的"黑箱"。一方面，感知能力和转化能力的培养需要知识源为其提供"土壤"；另一方面，感知能力和转化能力越高，企业就越能在复杂多变的市场环境中感知机遇和把握机会，从而提升组织的创新绩效。

（4）资本能力对企业的探索式创新绩效和利用式创新绩效都具有直接显著正向影响。但资本能力与知识源战略的两个不同维度的交互所产生的作用不同，这也就意味着资本能力对两个不同维度创新绩效的调节效应要比已有的研究更加复杂。资本能力在知识源深度与探索式创新绩效之间起到正向显著调节作用，随着资本能力的提高，知识源深度对探索式创新绩效的正向影响逐步加强。这是因为，当企业的资本能力更强时，企业能够充分挖掘和利用组织冗余资源，以进一步提升企业的知识源深度从而提升组织的创新绩效。然而，资本能力在知识源广度与企业创新绩效之间并未显现调节作用，这说明当企业拥有较多的资源时，企业更愿意将其投入可替代的工具或产品以提高创新绩效，而不是聚焦于拓宽企业的知识源广度。

（5）通过机器学习方法，我们发现当知识源广度与知识源深度都处于较低水平时，探索式创新绩效也处于较低水平；但在此基础上，当知识源广度得到较快提升而知识源深度仍处于较低水平时，探索式创新绩效可以得到较快提升。这一研究结论与本书通过传统统计学分析方法得出的结论具有部分相似，即知识源广度比知识源深度对探索式创新绩效的边际贡献更大（Jin, et al., 2014）。但两种研究方法所发现的结论又有不同之处：通过机器学习方法发现在企业创新水平较低时，提升知识源广度可以较快地提升探索式创新绩效；而在高水平时更加适用的则是"双元平衡"理论，即知识源广度和深度的平衡更加有利于探索式创新绩效的提升；传统统计学方法只是笼统地验证知识源广度比知识源深度对探索式创新绩效的边际贡献更大，没有将它们的发展进程作为考虑因素纳入其中。

（6）通过机器学习方法，我们发现当知识源广度与知识源深度都处于较低水平但存在平衡态时，企业的利用式创新呈现出与其平衡态相对应的创新绩效；但当知识源广度与知识源深度都处于较低水平但不平衡时，企业的利用式创新绩效与知识源广度和深度平衡时的创新绩效相比呈现出明显的下降趋势。这一研究结论与本书通过传统统计学分析方法得出的结论具有部分相似，即知识源广度与深度的平衡对利用式创新绩效有显著的正向影响（Jin, et al., 2014）。该结论与 Katila（2002）的实证结论"搜索宽度与深度的平衡对产品创新有正向影响"也具有相似之处。

（7）知识源战略对创新绩效的作用效应并非简单的"线性""因果"关系，而是存在"阶段性"和"动态演化"的规律。在不同阶段，知识源战略对企业创新绩效具有不同的影响路径和机制。研究发现，企业的创新绩效并非一个平滑上升的山坡地形，而是由高低不等的平台和峡谷组成。而该发现是我们用传统统计学方法所无法模拟出来的，传统统计学通过回归实现对变量间的关系分析，而机器学习能够实现对样本数据的无数次切割和分组。但也有一些学者运用适合度景观理论进行研究，在组织搜索和技术创新方面提出了类似的观点（e.g, Winter, Cattani & Dorsch, 2007；王凤彬，2012），但由于所运用的研究工具仍然是传统的回归分析方法，所呈现出的仍是线性关系，只不过是三维立体的线性关系。但本书所呈现的是非线性的、阶段性的因果关系，因此能够更真实地反映管理与创新的实际情景。

7.2 主要关系汇总

主要关系汇总如图 7.1 ~ 图 7.3 所示。

第7章 研究结论与未来展望

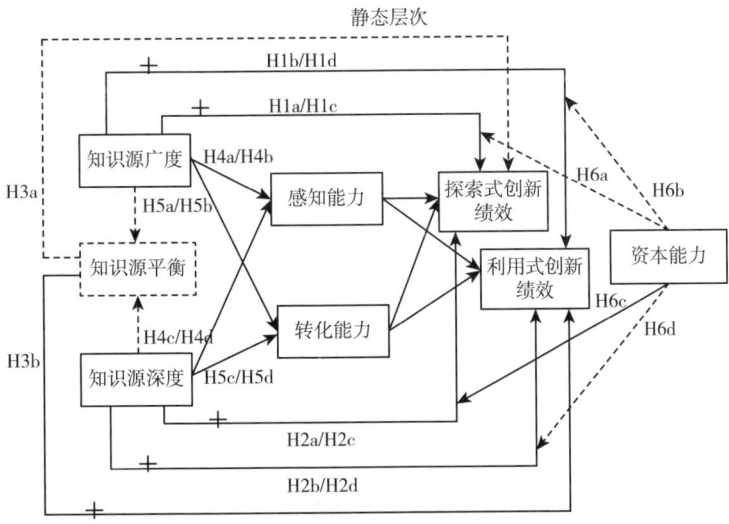

图 7.1 知识源战略、动态能力与创新绩效关系汇总（虚线表示假设未被支持）

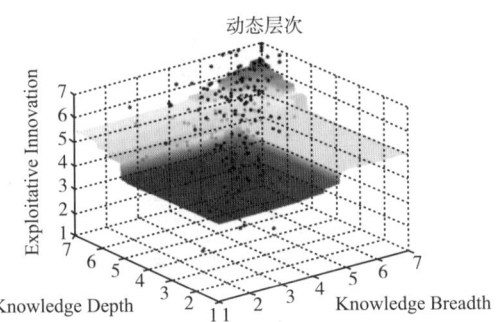

图 7.2 知识源战略与探索式创新绩效关系

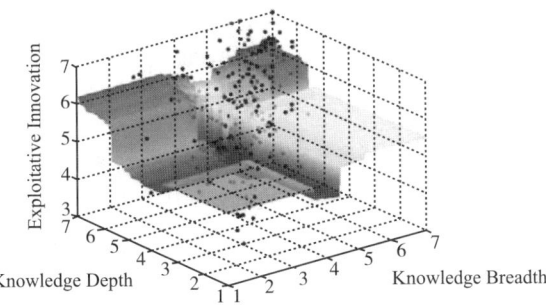

图 7.3 知识源战略与利用式创新绩效关系

7.3 主要理论进展

本书围绕"中国知识密集型服务企业知识源战略、动态能力与创新绩效关系"问题,采用多案例分析、多元回归和机器学习等研究方法,探究了知识源战略与创新绩效多维度关系、动态能力在其中的多重中介和调节机制以及知识源战略对创新绩效影响的动态演化规律,这在一定程度上对以往研究进行了补充和扩展,其理论进展主要体现在以下几个方面:

(1) 在文献分析和案例研究的基础上,通过扎根理论、质性分析、探索性及验证性因子分析方法构建并验证了中国知识密集型服务企业知识源战略、动态能力与创新绩效关系的扎根模型和测量量表,为今后有关知识与创新领域的相关实证研究提供了可供操作的测量工具。

(2) 针对知识源与创新绩效研究领域不同研究结论"相互矛盾"的问题,本书建构并验证了"中国知识密集型服务企业的知识源战略、动态能力与创新绩效关系的多维度关系模型"。研究结论发现,知识源战略(广度、深度和平衡)与创新绩效(探索式创新绩效和利用式创新绩效)的关系在不同维度上存在差异。这一研究结论不仅有助于帮助研究者回答"为什么不同情境下会出现相互矛盾的研究结论"的问题,而且为中国情景下知识与创新的多维度研究视角提供了实证依据。

(3) 本书将动态能力作为中介变量和调节变量引入知识源与创新绩效关系的分析过程中,突破了以往仅从知识与创新两者关系进行研究的局限,揭示了动态能力在知识源战略影响创新绩效中的多重中介和调节机制。研究结果显示,动态能力(感知能力、转化能力与资本能力)在知识源战略影响创新绩效的不同维度上具有不同的中介和调节机制。这一研究结论为知识源与创新绩效关系的作用"黑箱"提供了新的研究视角。

（4）以往关于创新绩效的研究多数都秉承静态观点，其研究结论的稳定性与实践性难免受到质疑。本书遵循遍历理论和适合度景观理论，采用机器学习研究方法发现：知识源战略与创新绩效关系呈现出一定的动态演化规律，但对于不同维度的创新绩效，两者关系的演化规律有所不同。这一研究结论不仅有助于研究者更深入地了解知识源战略与创新绩效关系的动态演化规律，而且为今后有关创新绩效的研究提供了可供参考的动态研究方向。

7.4 本书的管理启示

本书从多维度的研究视角，探讨了中国知识密集型服务企业知识源战略、动态能力与创新绩效的静态关系和动态关系，不仅充实了相关理论研究，而且一些研究结论对管理实践也有借鉴作用。

（1）组织管理者应当关注知识源战略的特征，恰当地发挥知识源的积极作用以提升企业的创新绩效。本书通过实证分析发现：无论是知识源广度还是知识源深度对企业创新绩效都具有显著正向影响，但两者对于不同创新绩效的边际效应不同。其中，知识源广度比知识源深度更有利于提升企业的探索式创新绩效，知识源深度比知识源广度更有利于提升企业的利用式创新绩效。但随着知识源深度的增加，其对创新绩效的边际贡献逐步递减。此外，知识源广度与知识源深度的平衡对于利用式创新绩效具有显著正向影响，但对于探索式创新绩效的影响不显著。因此，企业应当广泛联系、充分利用多种知识资源，通过与领先用户联系获取突破性的新产品概念、产生探索式的创新产品，通过与领先供应商联系获取技术组合优势、发挥协同效应，通过与领先大学联系获取新技术生长点、共享校企智力资源，通过内部员工的技术培育和经验积累增强企业的多种专业知识。企业应根据不同维度创新绩效的特征，选择恰当的知识源战略，通过与多种知识源的有效联接，提高创新效率，从而促进创新。

（2）组织动态能力是影响企业创新绩效的重要因素，管理者应当予以重视。本书对动态能力的中介作用和调节作用的验证结果显示，感知能力和转化能力在知识源战略与创新绩效之间具有中介作用。其中，感知能力和转化能力在知识源战略与探索式创新绩效间具有部分中介效应；感知能力在知识源战略与利用式创新绩效之间具有完全中介效应；转化能力在知识源广度与利用式创新绩效之间具有完全中介效应，在知识源深度与利用式创新绩效之间具有部分中介效应。资本能力对企业的探索式创新绩效和利用式创新绩效都具有直接显著正向影响，并在知识源深度与探索式创新绩效之间起到正向显著调节作用。因此，企业应努力提升对市场和技术变化的洞察力，增强应对外部变化并把握机遇的能力，将提高组织感知能力和转化能力纳入企业的核心能力建设体系。与此同时，企业应提升资本能力，充分挖掘和利用组织冗余资源，通过扩展知识源深度，提升组织的创新绩效。

（3）知识源广度与深度对创新绩效的影响并非简单的线性关系，而是一个复杂的非线性关系。随着知识源水平的不断变化，企业创新绩效呈现出高低起伏的阶段水平。知识源战略对创新绩效的影响呈现出一定的涌现性。当知识源广度与深度有了质的提升时，企业创新绩效会实现突破性的飞跃。企业的创新绩效并非一个平滑上升的山坡地形，也不一定是一个逐步上升的阶梯地形，有可能是崎岖的，由高低不等的平台和峡谷组成。因此，管理者应擅于借助 MART 模型对企业的创新绩效地形进行分析，可以直观地展现不同维度绩效地形中局部或全局的最佳点位置及其周围潜在的"陷阱"及障碍，以便企业创新绩效目标和路径的选择更趋于合理和有效。

(4) 知识源战略与创新绩效关系呈现一定的动态演化规律，但两者关系在不同维度、不同阶段的演化机制有所不同。

当知识源广度与知识源深度都处于较低水平时，探索式创新绩效也处于较低水平；在此基础上，当知识源广度得到较快提升而知识源深度仍处于较低水平时，探索式创新绩效可以得到较快提升。与此不同，当知识源广度和知识源深度都处于高水平时，则更加适用"双元"平衡理论，即知识源广度和深度的平衡更加有利于探索式创新绩效的提升。因此，在提升企业探索式创新绩效时，管理者应该根据知识源水平采取与之相对应的战略。当知识源处于较低水平时，企业应该努力提升知识源广度和知识源深度，特别是知识源广度，而不是一味追求知识源广度与深度的平衡，以使企业更加有效地提升其探索式创新绩效。

当知识源广度与知识源深度都处于较低水平并且存在平衡态时，企业的利用式创新呈现出与其相对应的绩效；但当知识源广度与知识源深度都处于较低水平但不平衡时，企业的利用式创新绩效与知识源广度和深度平衡时的创新绩效相比呈现出明显的下降趋势。当知识源广度和知识源深度都处于高水平时，适用"双元"平衡理论，即知识源广度和深度的平衡更加有利于利用式创新绩效的提升。因此，在提升企业利用式创新绩效时，无论企业知识源处于何种水平，管理者都应始终关注知识源广度与深度的平衡，以使企业更加有效地提升其利用式创新绩效。

7.5 研究局限及未来展望

7.5.1 研究局限

目前，学术界关于中国企业知识源战略、动态能力与创新绩效的多维度研究仍处于探索阶段,尤其是关于知识与创新的动态研究更缺乏可供参考的实证方法。本书结合多维度与动态分析视角所得出的研究结论,不仅丰富了知识与创新领域的研究内容,而且为今后相关研究提供了可供参考的实证方法。但是,由于本书的研究尚处于探索性阶段,研究者所能借鉴的直接研究较为缺乏,加之研究经费、时间等客观条件的限制,整体研究仍有一些不足之处,需要在后续研究中进一步完善。

(1) 样本的代表性存在局限。

由于本书在样本选择上聚焦的是中国知识密集型服务企业,所针对的调查对象是企业的中、高层主管,加之研究经费与时间的限制,致使研究者无法在全国范围内进行随机抽样,使研究样本的代表性存在一定的局限。

(2) 量表的效度有待进一步验证。

以往关于知识源战略、动态能力与创新绩效的研究呈现较为零散的局面,尤其是缺少可供操作且与知识源和创新绩效有关的中国知识密集型服务企业的测量量表。本书首先通过案例分析、扎根理论并结合以往研究量表,初步确认了知识源战略、动态能力与创新绩效的构思结构,即知识源战略包括知识源广度和知识源深度,动态能力包括感知能力、转化能力和资本能力,创新绩效包括探索式创新绩效和利用式创新绩效;其次,通过问卷调查方法收集数据,采用一致性系数检验、探索性因子分析、验证性因子等定量研究方法,开发并验证了知识源战略、动态能力与创新绩效量表的信度和效度,但是该量表的推广效度仍需要今后相关研究进行多次验证。

(3) 共同方法偏差的影响。

本书关于知识源战略和动态能力的测量量表采用 Likert - 7 级评分,关于创新绩效的测量量表采用 Likert - 5 级评分,这在一定程度上降低了共同方法偏差问题对研究结论的干扰。此外,通过 Harman 单因素检验结论也证实了本书中的共同方法偏差现象较为轻微,且不会影响研究结论。然而，本书的调研数据都是来自企业中高层主管的自我报告，这在一定程度上会造成共同方法偏差。

7.5.2 未来展望

通过对本书不足之处的系统梳理，研究者认为后续的研究需要在以下几个方面继续完善。

（1）增强研究样本的数量和代表性。

尽管本书的调查样本已经达到了统计分析的数量要求，但在样本的数量上和地域上仍存在不足。在后继的研究中，可考虑扩大样本的数量和扩大抽样的地域，使相关研究成果具有更高的稳定性和推广性。

（2）继续完善知识源战略、动态能力与创新绩效的测量量表。

由于目前没有系统的可供参考的中国知识密集型服务企业关于知识源战略、动态能力与创新绩效的测量量表，因而本书开发和验证量表的工作，既是一种必然的尝试又是一项具有探索性和挑战性的课题。虽然本书所设计的量表既结合了以往相关研究结论又通过了案例研究、扎根理论的质性研究，以及后续的实证检验，但个别测量条款的信度和效度仍不是很高。因此，后续的研究工作需要进一步完善量表的表述，并尽可能地开展多次量表验证工作，以提升研究量表的信度和效度。

（3）降低共同方法偏差的干扰。

本书虽然通过在同一份问卷中针对不同变量采用 Likert-5 级和 Likert-7 级评分法来降低共同方法偏差，但样本的数据均来自主观题项。后续可通过非自我报告的"锚点法"（陈晓萍、徐淑英和樊景立，2012）或两套问卷的方法，帮助研究者更好地运用和分析来自问卷调查的主观数据，从而降低共同方法偏差的干扰。

（4）探究知识源与创新绩效的内部动态影响机制。

本书发现知识源战略与创新绩效关系呈现一定的动态演化规律，但两者关系在不同维度、不同阶段的演化机制有所不同。未来研究还可考虑加入不同的中介变量或调解变量以进一步探究知识源战略与创新绩效之间的内在动态影响机制。

参 考 文 献

[1] Carayannopoulos, S., Auster, E. R. External knowledge sourcing in biotechnology through acquisition versus alliance: A KBV approach [J]. Research Policy. 2010, 39 (2): 254 - 267.

[2] 陈松, 冯国安. 技术创新中的职能分工 [J]. 科研管理, 2005, 26 (1): 24 - 28.

[3] Wang, Y. D., Roijakkers, N., Vanhaverbeke, W., Chen, J. How Chinese firms employ open innovation to strengthen their innovative performance [J]. International Journal of Technology. 2012, 59 (3 - 4): 235 - 254.

[4] Chesbrough, H. The era of open innovation [J]. MIT Sloan Management Review. 2003, 44 (3): 35 - 41.

[5] Miller, D. J., Fern, M. J., Cardinal, L. B. The use of knowledge for technological innovation within diversified firms [J]. The Academy of Management Journal. 2007, 50 (2): 308 - 326.

[6] Malerba F., O. L. Technological regimes and sectoral patterns of innovative activities [J]. Industrial and Corporate Change. 1997, (6): 83 - 118.

[7] Shane, S. Prior knowledge and the discovery of entrepreneurial opportunities [J]. Organization Science. 2000, 11 (4): 448 - 469.

[8] Jacobson, R. The "austrian" school of strategy [J]. The Academy of Management Review. 1992, 17 (4): 782 - 807.

[9] Chesbrough, H. Open innovation: The new imperative for creating and profiting from technology [M]. Boston: Harvard Business School Press, 1995.

[10] Koput, K. W. A chaotic model of innovative search: Some answers, many questions [J]. Organization Science. 1997, 8 (5): 528 – 542.

[11] Katila, R., Ahuja, G. Something old, something new: A longitudinal study of search behavior and new product introduction [J]. The Academy of Management Journal. 2002, 45 (6): 1183 – 1194.

[12] Wu, J., Shanley, M. T. Knowledge stock, exploration, and innovation: Research on the United States electromedical device industry [J]. Journal of Business Research. 2009, 62 (4): 474 – 483.

[13] Hwang, J., Lee, Y. External knowledge search, innovative performance and productivity in the Korean ICT sector [J]. Telecommunications Policy. 2010, 34 (10): 562 – 571.

[14] Laursen, K., Salter, A. Open for innovation: The role of openness in explaining innovation performance among UK manufacturing firms [J]. Strategic Management Journal. 2006, 27 (2): 131 – 150.

[15] 王继飞. 开放式创新模式下我国制造业外部知识源搜索策略的研究 [D]. 哈尔滨: 哈尔滨工业大学, 2010.

[16] Leiponen, A., Helfat, C. E. Innovation objectives, knowledge sources, and the benefits of breadth [J]. Strategic Management Journal. 2010, 31 (2): 224 – 236.

[17] Moser, P. Patents and innovation: Evidence from economic history [J]. The Journal of Economic Perspectives. 2013, 27 (1): 23 – 44.

[18] Tripsas, M., Gavetti, G. Capabilities, cognition, and inertia: Evidence from digital imaging [J]. Strategic Management Journal.

2000, 21 (10/11): 1147 – 1161.

[19] O'reilly, C. A., Tushman, M. L. Organizational ambidexterity: Past, present, and future [J]. Academy of Management Perspectives. 2013, 27 (4): 324 – 338.

[20] Posen, H. E., Chen, J. S. An advantage of newness: Vicarious learning despite limited absorptive capacity [J]. Organization Science. 2013, 24 (6): 1701 – 1716.

[21] Tan, J., Peng, M. W. Organizational slack and firm performance during economic transitions: Two studies from an emerging economy [J]. Strategic Management Journal. 2003, 24 (13): 1249 – 1263.

[22] Flick, U. Managing quality in qualitative research [M]. London, Thousand Oaks, New Delhi: Sage, 2007.

[23] 风笑天. 社会学研究方法 [M]. 北京: 中国人民大学出版社, 2009.

[24] Hagedoorn, J. Understanding the rationale of strategic technology partnering: Interorganizational modes of cooperation and sectoral differences [J]. Strategic Management Journal. 1993, 14 (5): 371 – 385.

[25] Chung, S., Kim, G. M. Performance effects of partnership between manufacturers and suppliers for new product development: The supplier's standpoint [J]. Research Policy. 2003, 32 (4): 587 – 603.

[26] Wheelwright, S., Clark, K. Revolutionizing product development: Quanturn leaps in speed, efficiency, and quality [M]. New York: The Free Press, 1992.

[27] Granstrand, O., Patel, P., Pavitt, K. Multi – technology corporations: Why they have "distributed" rather than "distinctive core" competencies [J]. California Management Review. 1997, 39 (4): 8 – 25.

[28] Geiger, S. W., Makri, M. Exploration and exploitation in-

novation processes: The role of organizational slack in R&D intensive firms [J]. Journal of High Technology Management Research. 2006, 17 (1): 97 – 108.

[29] Marinova, D. Actualizing innovation effect: The impact of market knowledge diffusion in a dynamic system of competition [J]. Journal of Marketing. 2004, 68 (3): 1 – 20.

[30] Suseno, Y., Ratten, V. A theoretical framework of alliance performance: The role of trust, social capital and knowledge development [J]. Journal of Management & Organization. 2007, 13 (1): 4 – 23.

[31] Lewin, A. Y. Application of complexity theory to organization science [J]. Organization Science. 1999, 10 (3): 215 – 232.

[32] King, D. R., Covin, J. G., Hegarty, W. H. Complementary resources and the exploitation of technological innovations [J]. Journal of Management. 2003, 29 (4): 589 – 606.

[33] Cho, D. H., Yu, P. I. Influential factors in the choice of technology acquisition mode: An empirical analysis of small and medium size firms in the Korean telecommunication industry [J]. Technovation. 2000, 20 (12): 691 – 704.

[34] Hippel, E. V. The sources of innovation [M]. New York: Oxford University Press, 1988.

[35] Roy, R. Towards the fifth – generation innovation process [J]. International Marketing Review. 1994, 11 (1): 7 – 31.

[36] Amanda, C. Innovation: A blueprint for surviving and thriving in an age of change [J]. The Journal of Consumer Marketing. 2003, 20 (6): 588.

[37] Tucker, R. B. Driving growth through innovation [M]. San Francisco: Berrett – Koehler Publishers, 2003.

[38] Christensen, J. A. Building the innovative organization [M].

London: MacMillan Press, 2000.

[39] Ulrich, D., Kerr, S., Ashkenas, R. The GE work - out [M]. London: McGraw - Hill Professional Publishing, 2002.

[40] 金昕, 陈松, 夏敬华. 基于企业2.0的群体式创新模式研究[J]. 科技进步与对策, 2012, 29 (24): 5-8.

[41] Vonhippel, E. Lead users: A source of novel product concepts [J]. Management Science. 1986, 32 (7): 791-805.

[42] Urban, G. L. Lead user analyses for the development of new industrial products [J]. Management Science. 1988, 34 (5): 569-582.

[43] Von Hippel, E. Economics of product development by users: The impact of "sticky" local information [J]. Management Science. 1998, 44 (5): 629-644.

[44] Herstatt, C., Von Hippel, E. From experience: Developing new product concepts via the lead user method: A case study in a" low - tech" field [J]. The Journal of Product Innovation Management. 1992, 9 (3): 213-221.

[45] Lettl, C., Herstatt, C., Gemuenden, H. G. Users' contributions to radical innovation: Evidence from four cases in the field of medical equipment technology [J]. R & D Management. 2006, 36 (3): 251-272.

[46] Christensen, C. M. The Innovator's dilemma: When new technologies causes great firms to fail [M]. Boston: Harvard Business School Press, 1997.

[47] Chatterji, A. K., Fabrizio, K. R. Using users: When does external knowledge enhance corporate product innovation? [J]. Strategic Management Journal. 2014, 35 (10): 1427-1445.

[48] Nishiguchi, T., Ikeda, M. Suppliers' innovation: Understated aspects of Japanese industrial sourcing [M]. Oxford: Oxford Univer-

sity Press, 1996: 206 - 232.

[49] Clark, K. B. Project scope and project performance: The effect of parts strategy and supplier involvement on product development [J]. Management Science. 1989, 35 (10): 1247 - 1263.

[50] Clark, K. B. & Fujimoto, T. Product development performance: Strategy, organization, and management in the world auto industry [M]. Cambridge: Mass Inst Technol, 1991: 87 - 88.

[51] Nishiguchi, T. Strategic industrial sourcing: The Japanese advantage [M]. New York: Oxford University Press, 1993.

[52] Klevorick, A. K., Levin, R. C., Nelson, R. R., Winter, S. G. On the sources and significance of interindustry differences in technological opportunities [J]. Research Policy. 1995, 24 (2): 185 - 205.

[53] Belderbos, R., Carree, M., Lokshin, B. Cooperative R&D and firm performance [J]. Research Policy. 2004, 33 (10): 1477 - 1492.

[54] Saxenian, A. Regional advantage: Culture and competition in Silicon valley and route 128 [M]. Cambridge, MA: Harvard University Press, 1994.

[55] Tether, B. S. Who co - operates for innovation, and why - an empirical analysis [J]. Research Policy. 2002, 31 (6): 947 - 967.

[56] Monjon, S., Waelbroeck, P. Assessing spillovers from universities to firms: Evidence from French firm - level data [J]. International Journal of Industrial Organization. 2003, 21 (9): 1255 - 1270.

[57] Faems, D., Van Looy, B., Debackere, K. Interorganizational collaboration and innovation: Toward a portfolio approach [J]. Journal of Product Innovation Management. 2005, 22 (3): 238 - 250.

[58] Cyert, R., March, J. A behavioral theory of the firm [M].

Oxford: Blackwell Publishing Ltd. , 1963.

［59］ Lin, B. - W. , Wu, C. - H. How does knowledge depth moderate the performance of internal and external knowledge sourcing strategies? [J]. Technovation. 2010, 30 (11/12): 582 - 589.

［60］ Nonaka, I. A dynamic theory of organizational knowledge creation [J]. Organization Science. 1994, 5 (1): 14 - 37.

［61］ Cassiman, B. , Veugelers, R. In search of complementarity in innovation strategy: Internal R&D and external knowledge acquisition [J]. Management Science. 2006, 52 (1): 68 - 82.

［62］ Cohen, W. M. Innovation and learning: The two faces of R&D [J]. The Economic Journal. 1989, 99 (397): 569 - 596.

［63］ Cohen, W. M. , Levinthal, D. A. Absorptive capacity: A new perspective on learning and innovation [J]. Administrative Science Quarterly. 1990, 35 (1): 128 - 152.

［64］ Rosenberg, N. Why do firms do basic research with their own money [J]. Research Policy. 1990, 19 (2): 165 - 174.

［65］ Arora, A. Complementarity and external linkages: The strategies of the large firms in biotechnology [J]. The Journal of Industrial Economics. 1990, 38 (4): 361 - 379.

［66］ Hemmert, M. The influence of institutional factors on the technology acquisition performance of high - tech firms: Survey results from Germany and Japan [J]. Research Policy. 2004, 33 (6/7): 1019 - 1039.

［67］ Iñaki, P. Knowledge networks as part of an integrated knowledge management approach [J]. Journal of Knowledge Management. 2002, 6 (5): 469 - 478.

［68］ Murovec, N. , Prodan, I. Absorptive capacity, its determinants, and influence on innovation output: Cross - cultural validation of the structural model [J]. Technovation. 2009, 29 (12): 859-872.

[69] Yamakawa, Y., Yang, H., Lin, Z. Exploration versus exploitation in alliance portfolio: Performance implications of organizational, strategic, and environmental fit [J]. Research Policy. 2011, 40 (2): 287-296.

[70] Li, H.-L., Tang, M.-J. Vertical integration and innovative performance: The effects of external knowledge sourcing modes [J]. Technovation. 2010, 30 (7/8): 401-410.

[71] Nelson, R. R., Winter, S. G. An evolutionary theory of economic change [M]. Cambridge, Mass: Belknap Press of Harvard University Press, 1982.

[72] March, J. G. Exploration and exploitation in organizational learning [J]. Organization Science. 1991, 2 (1): 71-87.

[73] Ahuja, G., Lampert, C. M. Entrepreneurship in the large corporation: A longitudinal study of how established firms create breakthrough inventions [J]. Strategic Management Journal. 2001, 22 (6/7): 521-543.

[74] Rosenkopf, L., Nerkar, A. Beyond local search: Boundary-spanning, exploration, and impact in the optical disk industry [J]. Strategic Management Journal. 2001, 22 (4): 287-306.

[75] Katila, R. New product search over time: Past ideas in their prime? [J]. The Academy of Management Journal. 2002, 45 (5): 995-1010.

[76] Nerkar, A. Old is gold? The value of temporal exploration in the creation of new knowledge [J]. Management Science. 2003, 49 (2): 211-229.

[77] Kang, K. H., Kang, J. How do firms source external knowledge for innovation? Analysing effects of different knowledge sourcing

methods [J]. International Journal of Innovation Management. 2009, 13 (1): 1 – 17.

[78] Kang, K. H., Kang, J. Do external knowledge sourcing modes matter for service innovation? Empirical evidence from South Korean service firms [J]. Journal of Product Innovation Management. 2014, 31 (1): 176 – 191.

[79] West, J., Bogers, M. Leveraging external sources of innovation: A review of research on open innovation [J]. Journal of Product Innovation Management. 2014, 31 (4): 814 – 831.

[80] Breschi, S., Malerba, F. The geography of innovation and economic clustering: Some introductory notes [J]. Industrial and Corporate Change. 2001, 10 (4): 817 – 833.

[81] Chen, L. – C. Learning through informal local and global linkages: The case of Taiwan's machine tool industry [J]. Research Policy. 2009, 38 (3): 527 – 535.

[82] Zhou, K. Z., Li, C. B. How knowledge affects radical innovation: Knowledge base, market knowledge acquisition, and internal knowledge sharing [J]. Strategic Management Journal. 2012, 33 (9): 1090 – 1102.

[83] Moorthy, S., Polley, D. E. Technological knowledge breadth and depth: Performance impacts [J]. Journal of Knowledge Management. 2010, 14 (3): 359 – 377.

[84] Nicholls – Nixon, C. L., Woo, C. Y. Technology sourcing and output of established firms in a regime of encompassing technological change [J]. Strategic Management Journal. 2003, 24 (7): 651 – 666.

[85] Aschhoff, B., Sofka, W. Innovation on demand: Can public procurement drive market success of innovations? [J]. Research Policy. 2009, 38 (8): 1235 – 1247.

[86] Jin, X., Chen, S., Wang, J., Xia, J. Investigation of knowledge management maturity and benchmarking practices in Chinese enterprises [C]. PICMET. p. 1404 – 1414.

[87] Teece, D., Pisano, G. The dynamic capabilities of firms: An introduction [M]. New York: Oxford University Press, 1998: 193 – 213.

[88] Teece, D. J., Pisano, G., Shuen, A. Dynamic capabilities and strategic management [J]. Strategic Management Journal. 1997, 18 (7): 509 – 533.

[89] Teece, D. J. Explicating dynamic capabilities: The nature and microfoundations of (sustainable) enterprise performance [J]. Strategic Management Journal. 2007, 28 (13): 1319 – 1350.

[90] Delmas, M. A. Innovating against European rigidities [J]. Journal of High Technology Management Research. 2002, 13 (1): 19 – 43.

[91] Zahra, S. A., George, G. The net – enabled business innovation cycle and the evolution of dynamic capabilities [J]. Information Systems Research. 2002, 13 (2): 147 – 150.

[92] Zollo, M., Winter, S. G. Deliberate learning and the evolution of dynamic capabilities [J]. Organization Science. 2002, 13 (3): 339 – 351.

[93] Zott, C. Dynamic capabilities and the emergence of intraindustry differential firm performance: Insights from a simulation study [J]. Strategic Management Journal. 2003, 24 (2): 97 – 125.

[94] Pavlou, P. A., El Sawy, O. A. From IT leveraging competence to competitive advantage in turbulent environments: The case of new product development [J]. Information Systems Research. 2006, 17 (3): 198 – 227.

[95] Helfat, E., Finkelstein, S., Mitchell, W. and Peteraf, M., A. Dynamic capabilities: understanding strategic change in organizations [J]. Reference and Research Book News. 2007, 22 (2): 50-65.

[96] Døving, E., Gooderham, P. N. Dynamic capabilities as antecedents of the scope of related diversification: The case of small firm accountancy practices [J]. Strategic Management Journal. 2008, 29 (8): 841-857.

[97] Barreto, I. Dynamic capabilities: A review of past research and an agenda for the future [J]. Journal of Management. 2010, 36 (1): 256-280.

[98] 董俊武, 黄江圳, 陈震红. 基于知识的动态能力演化模型研究 [J]. 中国工业经济, 2004, 191 (2): 83-90.

[99] Eisenhardt, K. M., Martin, J. A. Dynamic capabilities: What are they? [J]. Strategic Management Journal. 2000, 21 (10/11): 1105-1121.

[100] Zahra, S. A., Sapienza, H. J., Davidsson, P. Entrepreneurship and dynamic capabilities: A review, model and research agenda [J]. Journal of Management Studies. 2006, 43 (4): 917-955.

[101] 李大元, 项保华, 陈应龙. 企业动态能力及其功效: 环境不确定性的影响 [J]. 南开管理评论, 2009 (12): 60-68.

[102] Protogerou, A., Caloghirou, Y., Lioukas, S. Dynamic capabilities and their indirect impact on firm performance [J]. Industrial and Corporate Change. 2012, 21 (3): 615-647.

[103] Kwon, Y.-C. The effect of subsidiary-specific capabilities on performance in the Korean market [J]. Advances in Management. 2013, 6 (8): 30.

[104] 贺小刚, 李新春, 方海鹰. 动态能力的测量与功效: 基

于中国经验的实证研究 [J]. 管理世界, 2006 (3), 94-103.

[105] 葛宝山, 董保宝. 基于动态能力中介作用的资源开发过程与新创企业绩效关系研究 [J]. 管理学报, 2009, 6 (4): 520-526.

[106] 黄俊, 王钊, 白硕, 顾国伟, 肖卫东. 动态能力的测度: 基于国内汽车行业的实证研究 [J]. 管理评论, 2010, 22 (1): 76-81.

[107] 焦豪, 崔瑜. 企业动态能力理论整合研究框架与重新定位 [J]. 清华大学学报: 哲学社会科学版, 2008, 23 (52): 46-53.

[108] Sanchez, R., Heene, A. Reinventing strategic management: New theory and practice for competence-based competition [J]. European Management Journal. 1997, 15 (3): 303-317.

[109] Hagedoorn, J., Cloodt, M. Measuring innovative performance: Is there an advantage in using multiple indicators? [J]. Research Policy. 2003, 32 (8): 1365-1379.

[110] Bilderbeek, J., Kerssens-Van Ngelen, I. C. R&D performance measurement: More than choosing a set of metrics [J]. R&D Management. 1999, 29 (1): 35-46.

[111] 李璟琰, 焦豪. 创业导向与组织绩效间关系实证研究: 基于组织学习的中介效应 [J]. 科研管理, 2008, 29 (5): 35-41.

[112] 陈劲, 陈钰芬. 企业技术创新绩效评价指标体系研究 [J]. 科学学与科学技术管理, 2006, 27 (3): 86-91.

[113] Lin, B. W., Chen, J. S. Corporate technology portfolios and R&D performance measures: A study of technology intensive firms [J]. R&D Management. 2005, 35 (2): 157-170.

[114] Nonaka, I., Toyama, R. The theory of the knowledge-creating firm: Subjectivity, objectivity and synthesis [J]. Industrial and Corporate Change. 2005, 14 (3): 419-436.

[115] Walker, R. M. Innovation type and diffusion: An empirical

analysis of local government [J]. Public Administration. 2006, 84 (2): 311-335.

[116] 陈钰芬, 陈劲. 开放式创新: 机理与模式 [M]. 北京: 科学出版社, 2008.

[117] Dowell, G., Swaminathan, A. Entry timing, exploration, and firm survival in the early U.S. bicycle industry [J]. Strategic Management Journal. 2006, 27 (12): 1159-1182.

[118] Jansen, J. J. P., Van Den Bosch, F. A. J., Volberda, H. W. Exploratory innovation, exploitative innovation, and performance: Effects of organizational antecedents and environmental moderators [J]. Management Science. 2006, 52 (11): 1661-1674.

[119] Greve, H. R. Exploration and exploitation in product innovation [J]. Industrial and Corporate Change. 2007, 16 (5): 945-975.

[120] Medcof, J. W., Song, L. J. Exploration, exploitation and human resource management practices in cooperative and entrepreneurial hr configurations [J]. The International Journal of Human Resource Management. 2013, 24 (15): 2911-2926.

[121] Bierly, P. E., Daly, P. S. Alternative knowledge strategies, competitive environment, and organizational performance in small manufacturing firms [J]. Entrepreneurship Theory and Practice. 2007, 31 (4): 493-516.

[122] Danneels, E. The dynamics of product innovation and firm competences [J]. Strategic Management Journal. 2002, 23 (12): 1095-1121.

[123] Danneels, E. The process of technological competence leveraging [J]. Strategic Management Journal. 2007, 28 (5): 511-533.

[124] Benner, M. J., Tushman, M. L. Exploitation, exploration and process management: The productivity dilemma revisited [J]. Acad-

emy of Management Review. 2003, 28 (2): 238 - 256.

［125］Veugelers, R. Internal R&D expenditures and external technology sourcing [J]. Research Policy. 1997, 26 (3): 303 - 315.

［126］Fleming, L., Sorenson, O. Science as a map in technological search [J]. Strategic Management Journal. 2004, 25 (8/9): 909 - 928.

［127］Phene, A., Fladmoe - Lindquist, K., Marsh, L. Breakthrough innovations in the US biotechnology industry: The effects of technological space and geographic origin [J]. Strategic Management Journal. 2006, 27 (4): 369 - 388.

［128］Nieto, M. J., Santamaría, L. The importance of diverse collaborative networks for the novelty of product innovation [J]. Technovation. 2007, 27 (6/7): 367 - 377.

［129］Chiang, Y. - H., Hung, K. - P. Exploring open search strategies and perceived innovation performance from the perspective of inter - organizational knowledge flows [J]. R&D Management. 2010, 40 (3): 292 - 299.

［130］Mention, A. - L. Co - operation and co - opetition as open innovation practices in the service sector: Which influence on innovation novelty? [J]. Technovation. 2011, 31 (1): 44 - 53.

［131］Parida, V., Westerberg, M., Frishammar, J. Inbound open innovation activities in high - tech SMEs: The impact on innovation performance [J]. Journal of Small Business Management. 2012, 50 (2): 283 - 309.

［132］Köhler, C., Sofka, W., Grimpe, C. Selective search, sectoral patterns, and the impact on product innovation performance [J]. Research Policy. 2012, 41 (8): 1344 - 1356.

［133］陈劲，童亮，徐忠辉. 移动电话业创新源和领先用户研

究[J]. 科研管理, 2003, 24 (3): 25-31.

[134] 郭国庆, 吴剑峰. 绩效管理企业知识库、技术探索与创新绩效关系研究: 基于美国电子医疗设备行业的实证分析[J]. 南开管理评论, 2007, 3: 87-93.

[135] 陈钰芬, 陈劲. 开放式创新促进创新绩效的机理研究[J]. 科研管理, 2009, (4): 1-9.

[136] Macher, J. T., Mowery, D. C. Measuring dynamic capabilities: Practices and performance in semiconductor manufacturing[J]. British Journal of Management. 2009, 20 (s1): 41-62.

[137] Marsh, S. J., Stock, G. N. Creating dynamic capability: The role of intertemporal integration, knowledge retention, and interpretation[J]. Journal of Product Innovation Management. 2006, 23 (5): 422-436.

[138] Wu, L.-Y. Resources, dynamic capabilities and performance in a dynamic environment: Perceptions in Taiwanese IT enterprises[J]. Information & Management. 2006, 43 (4): 447-454.

[139] Herrmann, A., Gassmann, O., Eisert, U. An empirical study of the antecedents for radical product innovations and capabilities for transformation[J]. Journal of Engineering and Technology Management. 2007, 24 (1-2): 92-120.

[140] Liao, J. J., Kickul, J. R., Ma, H. Organizational dynamic capability and innovation: An empirical examination of internet firms[J]. Journal of Small Business Management. 2009, 47 (3): 263-286.

[141] Wu, L.-Y. Applicability of the resource-based and dynamic-capability views under environmental volatility[J]. Journal of Business Research. 2010, 63 (1): 27-31.

[142] Drnevich, P. L., Kriauciunas, A. P. Clarifying the conditions and limits of the contributions of ordinary and dynamic capabilities to

relative firm performance [J]. Strategic Management Journal. 2011, 32 (3): 254 – 279.

[143] 魏泽龙, 弋亚群, 李垣. 多变环境下动态能力对不同类型创新的影响研究 [J]. 科学学与科学技术管理, 2008, 29 (5): 44 – 47.

[144] 张东红, 蒋勤峰. 企业动态能力对组织内部创新机制作用理论阐释 [J]. 上海管理科学, 2008, 6: 60 – 63.

[145] 张韬. 市场导向、动态能力与组织绩效关系研究——一个新的绩效整合模型 [J]. 华东经济管理, 2010, 24 (4): 88 – 91.

[146] 杨水利, 李韬奋, 党兴华, 单欣. 组织学习动态能力与企业绩效之间关系的实证研究 [J]. 运筹与管理, 2009, (2): 155 – 161.

[147] 董保宝, 葛宝山, 王侃. 资源整合过程、动态能力与竞争优势: 机理与路径 [J]. 管理世界, 2011, (3): 92 – 101.

[148] 刘井建. 创业学习、动态能力与新创企业绩效的关系研究——环境动态性的调节 [J]. 科学学研究, 2011, 29 (5): 728 – 734.

[149] 董保宝. 网络结构与竞争优势关系研究——基于动态能力中介效应的视角 [J]. 管理学报, 2012, 9 (1): 50 – 56.

[150] 张钢, 王宇峰. 组织模块性、知识基础与创新绩效——以动态能力为中介变量的实证研究 [J]. 浙江大学学报: 人文社会科学版, 2012, 42 (2): 206 – 220.

[151] Levinthal, D., March, J. A model of adaptive organizational search [J]. Journal of Economic Behavior and Organization. 1981, 2 (4): 307 – 333.

[152] Eisenhardt, K. M. Building theories from case study research [J]. The Academy of Management Review. 1989, 14 (4): 532 – 550.

[153] Yin, R. K. Discovering the future of the case – study method

in evaluation research [J]. Evaluation Practice. 1994, 15 (3): 283-290.

[154] Yin, R. K. Case study research: Design and methods [M]. Thousand Oaks, Calif: Sage Publications, 2003.

[155] Weick, K. E. Theoretical assumptions and research methodology selection [M]. Boston MA: Harvard Business School Press, 1984.

[156] 陈晓萍,徐淑英,樊景立. 组织与管理研究的实证方法 [M]. 北京:北京大学出版社, 2012.

[157] Glaser, B. G., Strauss, A. L., Strutzel, E. The discovery of grounded theory: Strategies for qualitative research [J]. Nursing Research. 1968, 17 (4): 364-364.

[158] Bowen, F. E., Rostami, M., Steel, P. Timing is everything: A meta-analysis of the relationships between organizational performanceand innovation [J]. Journal of Business Research. 2010, 63 (11): 1179-1185.

[159] Eisenhardt, K. M., Graebner, M. E. Theory building from cases: Opportunities and challenges [J]. The Academy of Management Journal. 2007, 50 (1): 25-32.

[160] Sanders, J. Palm oil production on the gold coast in the aftermath of the slave trade: A case study of the fante [J]. The International Journal of African Historical Studies. 1982, 15 (1): 49-63.

[161] Patton, M. Q. How to use qualitative methods in evaluation [M]. CA: Sage Publications Inc, 1987.

[162] 陈向明. 质的研究方法与社会科学研究 [M]. 北京:教育科学出版社.2000:107-120.

[163] 王世权,牛建波. 利益相关者参与公司治理的途径研究——基于扎根理论的雷士公司控制权之争的案例分析 [J]. 科研管理, 2009, 30 (4): 105-114.

[164] 仓平, 王素芬. 基于扎根理论的大学产业集群形成机理研究——以同济大学建筑规划产业集群为例 [J]. 同济大学学报 (社会科学版), 2008, 19 (2): 115-114.

[165] Kolbe, R. H., Burnett, M. S. Content-analysis research: An examination of applications with directives for improving research reliability and objectivity [J]. Journal of Consumer Research. 1991, 18 (2): 243-250.

[166] Weber, T., Simonov, A. The three-dimensional pair distribution function analysis of disordered single crystals: Basic concepts [J]. Zeitschrift Fur Kristallographie. 2012, 227 (5): 238-247.

[167] Chan, D. Functional relations among constructs in the same content domain at different levels of analysis: A typology of composition models [J]. Journal of Applied Psychology. 1998, 83 (2): 234-246.

[168] Holsti, O. R. Content Analysis for the Social Sciences and Humanities [M]. MA: Addison Wesley, 1969.

[169] 颜士梅. 内容分析方法及在人力资源管理研究中的运用 [J]. 软科学, 2008, 22 (9): 133-139.

[170] 袁方. 社会研究方法教程 [M]. 北京: 北京大学出版社, 1997: 55-73.

[171] 孟晓斌. 国际创业背景下中小企业组织动态能力及其绩效机制研究 [D]. 浙江大学. 2008.

[172] 王重鸣. 心理学研究方法 [M]. 北京: 人民教育出版社, 1990.

[173] Senge, P. M. The fifth discipline: The art and practice of the learning organization [M]. New York: Doubleday/Currency, 1990.

[174] 魏江, 陶颜, 王琳. 知识密集型服务业的概念与分类研究 [J]. 中国软科学, 2007, 27 (1): 33-41.

[175] Salavisa, I., Sousa, C., Fontes, M. Topologies of innova-

tion networks in knowledge - intensive sectors: Sectoral differences in the access to knowledge and complementary assets through formal and informal ties [J]. Technovation. 2012, 32 (6): 380 -399.

[176] Henderson, R. M. , Clark, K. B. Architectural innovation: The reconfiguration of existing product technologies and the failure of established firms [J]. Administrative Science Quarterly. 1990, 35 (1): 9 -30.

[177] Becker, W. , Dietz, J. R&D cooperation and innovation activities of firms: Evidence for the German manufacturing industry [J]. Research Policy. 2004, 33 (2): 209 -223.

[178] Burt, R. S. Structural holes: The social structure of competition [M]. Cambridge, Mass: Harvard University Press, 1992.

[179] Hargadon, A. B. , Bechky, B. A. When collections of creatives become creative collectives: A field study of problem solving at work [J]. Organization Science. 2006, 17 (4): 484 -500.

[180] Rothaermel, F. T. Incumbent's advantage through exploiting complementary assets via interfirm cooperation [J]. Strategic Management Journal. 2001, 22 (6/7): 687 -699.

[181] Narula, R. R&D collaboration by SMEs: New opportunities and limitations in the face of globalisation [J]. Technovation. 2004, 24 (2): 153 -161.

[182] Postrel, S. Islands of shared knowledge: Specialization and mutual understanding in problem - solving teams [J]. Organization Science. 2002, 13 (3): 303 -320.

[183] Kessler, E. H. , Chakrabarti, A. K. Innovation speed: A conceptual model of context, antecedents, and outcomes [J]. The Academy of Management Review. 1996, 21 (4): 1143 -1191.

[184] Eisenhardt, K. M. , Tabrizi, B. N. Accelerating adaptive

processes: Product innovation in the global computer industry [J]. Administrative Science Quarterly. 1995, 40 (1): 84 - 110.

[185] 苏楠, 吴贵生. 领先用户主导创新: 自主创新的一种新模式——以神华集团高端液压支架自主创新为例 [J]. 科学学研究, 2011, 29 (5): 771 - 776.

[186] Dosi, G. Sources, procedures, and microeconomic effects of innovation [J]. Journal of Economic Literature. 1988, 26 (3): 1120 - 1171.

[187] Leonard - Barton, D. Core capabilities and core rigidities: A paradox in managing new product development [J]. Strategic Management Journal. 1992, 13 (8): 111 - 125.

[188] Ferrary, M. Specialized organizations and ambidextrous clusters in the open innovation paradigm [J]. European Management Journal. 2011, 29 (3): 181 - 192.

[189] Russo, A., Vurro, C. Cross - boundary ambidexterity: Balancing exploration and exploitation in the fuel cell industry [J]. European Management Review. 2010, 7 (1): 30 - 45.

[190] Kostopoulos, K. C., Bozionelos, N. Team exploratory and exploitative learning: Psychological safety, task conflict, and team performance [J]. Group & Organization Management. 2011, 36 (3): 385 - 415.

[191] McCarthy, I. P., Gordon, B. R. Achieving contextual ambidexterity in R&D organizations: A management control system approach [J]. R&D management. 2011, 41 (3): 240 - 258.

[192] 赵付春, 凌鸿. IT 对组织流程双元性的影响研究——基于中国信息化 500 强榜单企业的面板数据分析 [J]. 研究与发展管理, 2011, 23 (2): 85 - 94.

[193] 王丽平, 李乃秋, 许正中. 中小企业持续内创业的动态

管理机制研究——基于双元能力的圆形组织结构视角 [J]. 科技进步与对策, 2011, 28 (8): 78-82.

[194] Moreno Luzon, M. D., Pasola, J. V. Ambidexterity and total quality management: Towards a research agenda [J]. Management Decision. 2011, 49 (6): 927-947.

[195] Ghemawat, P. The organizational tension between static and dynamic efficiency [J]. Strategic Management Journal. 1993, 14 (S2): 59-73.

[196] He, Z. -L., Wong, P. -K. Exploration vs Exploitation: An empirical test of the ambidexterity hypothesis [J]. Organization Science. 2004, 15 (4): 481-494.

[197] Lubatkin, M. H., Simsek, Z., Ling, Y., Veiga, J. F. Ambidexterity and performance in small-to medium-sized firms: The pivotal role of top management team behavioral integration [J]. Journal of Management. 2006, 32 (5): 646-672.

[198] Su, Z., Li, J., Yang, Z., Li, Y. Exploratory learning and exploitative learning in different organizational structures [J]. Asia Pacific Journal of Management. 2011, 28 (4): 697-714.

[199] Cao, Q., Gedajlovic, E., Zhang, H. Unpacking organizational ambidexterity: Dimensions, contingencies, and synergistic effects [J]. Organization Science. 2009, 20 (4): 781-796.

[200] Aubry, M., Lièvre, P. Ambidexterity as a competence of project leaders: A case study from two polar expeditions [J]. Project Management Journal. 2010, 41 (3): 32-44.

[201] Ho, Y. -C., Fang, H. -C., Lin, J. -F. Technological and design capabilities: Is ambidexterity possible? [J]. Management Decision. 2011, 49 (2): 208-225.

[202] 沈灏, 李垣, 蔡昊. 双元型组织对创新的影响及其构建

路径分析 [J]. 科学学与科学技术管理, 2008, 29 (9): 103 – 107.

[203] Gupta, A. K., Smith, K. G., Shalley, C. E. The interplay between exploration and exploitation [J]. The Academy of Management Journal. 2006, 49 (4): 693 – 706.

[204] 张玉利, 李乾文. 双元型组织研究评价 [J]. 外国经济与管理, 2006, 28 (1): 1 – 8.

[205] Ocasio, W. Towards an attention – based view of the firm [J]. Strategic Management Journal. 1997, 18 (S1): 187 – 206.

[206] 金昕, 陈松, 徐劲松. 企业知识管理方式对技术创新过程和创新绩效的影响研究 [J]. 预测, 2014, 33 (3): 15 – 20.

[207] Granovetter, M. S. The strength of weak ties [J]. American Journal of Sociology. 1973, 78 (6): 1360 – 1380.

[208] Winter, S. G. Understanding dynamic capabilities [J]. Strategic Management Journal. 2003, 24 (10): 991 – 995.

[209] Danneels, E. Organizational antecedents of second – order competences [J]. Strategic Management Journal. 2008, 29 (5): 519 – 543.

[210] Baron, R. M., Kenny, D. A. The moderator – mediator variable distinction in social psychological research: Conceptual, strategic, and statistical considerations [J]. Journal of Personality and Social Psychology. 1986, 51 (6): 1173.

[211] 温忠麟, 侯杰泰. 隐变量交互效应分析方法的比较与评价 [J]. 数理统计与管理, 2004, 23 (3): 37 – 42.

[212] Yinglei, W., Peter, H. G., Darren, B. M. Task – driven learning: The antecedents and outcomes of internal and external knowledge sourcing [J]. Information & Management. 2014, 51 (8): 939 – 951.

[213] Pavlou, P. A. IT – enabled dynamic capabilities in new product development: Building a competitive advantage in turbulent envi-

ronments [D]. ProQuest: UMI Dissertations Publishing. 2004.

[214] Mcgrath, R. G. Exploratory learning, innovative capacity and managerial oversight [J]. The Academy of Management Journal. 2001, 44 (1): 118-131.

[215] Sharfman, M. P., Dean, J. W. Flexibility in strategic decision making: Informational and ideological perspectives [J]. Journal of Management Studies. 1997, 34 (2): 191-217.

[216] Penrose, E. The theory of the growth of the firm [J]. Long Range Planning. 1996, 29 (4): 596-596.

[217] Achrol, R. S. Evolution of the marketing organization: New forms for turbulent environments [J]. Journal of Marketing. 1991, 55 (4): 77-93.

[218] Smith, P. G., Reinertsen, D. G. Developing products in half the time [J]. Small Business Reports. 1992, 17 (1): 65.

[219] Zhou, J., Shin, S. J., Brass, D. J., Choi, J., Zhang, Z.-X. Social networks, personal values, and creativity: Evidence for curvilinear and interaction effects [J]. The Journal of Applied Psychology. 2009, 94 (6): 1544-1552.

[220] Campbell, D. T., Fiske, D. W. Convergent and discriminant validation by the multitrait-multimethod matrix [J]. Psychological Bulletin. 1959, 56 (2): 81.

[221] 吴明隆. 问卷统计分析实务 SPSS 操作与应用 [M]. 重庆: 重庆大学出版社, 2010.

[222] Podsakoff, P. M., Mackenzie, S. B., Lee, J. Y., Podsakoff, N. P. Common method biases in behavioral research: A critical review of the literature and recommended remedies [J]. Journal of Applied Psychology. 2003, 88 (5): 879-903.

[223] Crowne, D. P. From response style to motive - a citation -

classic commentary on the approval motive – studies in evaluative dependence [J]. Social & Behavioral Sciences. 1991, 30: 10 – 10.

[224] 刘军. 管理研究方法原理与应用 [M]. 北京: 中国人民大学出版社, 2008.

[225] Mol, M. J., Birkinshaw, J. The sources of management innovation: When firms introduce new management practices [J]. Journal of business research. 2009, 62 (12): 1269 – 1280.

[226] Ahuja, G. Collaboration networks, structural holes, and innovation: A longitudinal study [J]. Administrative Science Quarterly. 2000, 45 (3): 425 – 455.

[227] 金昕, 陈松. 面向集团型企业的知识管控模型研究 [J]. 科技进步与对策, 2014, 31 (6): 134 – 138.

[228] Sørensen, J. B., Stuart, T. E. Aging, obsolescence, and organizational Innovation [J]. Administrative Science Quarterly. 2000, 45 (1): 81 – 112.

[229] Griliches, Z. Patent statistics as economic indicators: A survey [J]. Journal of Economic Literature. 1990, 28 (4): 1661 – 1707.

[230] Bell, G. G. Clusters, networks, and firm innovativeness [J]. Strategic Management Journal. 2005, 26 (3): 287 – 295.

[231] Marco, A. S. The innovator's dilemma: When new technologies cause great firms to fail [J]. Chemical Engineering Progress. 2000, 96 (2): 71.

[232] Atuahene – Gima, K. Resolving the capability: Rigidity paradox in new product innovation [J]. Journal of Marketing. 2005, 69 (4): 61 – 83.

[233] Wang, C. L., Ahmed, P. K. Dynamic capabilities: A review and research agenda [J]. International Journal of Management Reviews. 2007, 9 (1): 31 – 51.

[234] Garud, R., Nayyar, P. R. Transformative capacity: Continual structuring by intertemporal technology transfer [J]. Strategic Management Journal. 1994, 15 (5): 365 – 385.

[235] 黄芳铭. 结构方程模式 理论与应用 [M]. 北京: 中国税务出版社, 2005.

[236] 侯杰泰, 温忠麟, 成子娟. 结构方程模型及其应用 [M]. 北京: 经济科学出版社, 2004.

[237] Andersson, L. M., Bateman, T. S. Cynicism in the workplace: Some causes and effects [J]. Journal of Organizational Behavior. 1997, 18 (5): 449 – 469.

[238] Aulakh, P. S., Gencturk, E. F. International principal – agent relationships – control, governance and performance [J]. Industrial Marketing Management. 2000, 29 (6): 521 – 538.

[239] Organ, D. W., Greene, C. N. The effects of formalization on professional involvement: A compensatory process approach [J]. Administrative Science Quarterly. 1981, 26 (2): 237 – 252.

[240] 张奇. SPSS for Windows 在心理学与教育学中的应用 [M]. 北京: 北京大学出版社, 2009.

[241] Diana, D. Exploratory or confirmatory factor analysis [M]. London: SAGE Publications Ltd, 2011.

[242] Mealy, E. Educational and psychological measurement [J]. George Peabody College for Teachers. 1970: 253 – 254.

[243] Liden, R. C., Maslyn, J. M. Multidimensionality of leader – member exchange: An empirical assessment through scale development [J]. Journal of Management. 1998, 24 (1): 43 – 72.

[244] Nagaoka, S., Motohashi, K., Goto, A. Patent statistics as an innovation indicator [M]. Elsevier B. V., 2010: 1083 – 1127.

[245] Prabhu, J. C., Chandy, R. K., Ellis, M. E. The impact

of acquisitions on innovation: Poison pill, placebo, or tonic? [J]. Journal of Marketing. 2005, 69 (1): 114 – 130.

[246] Stockton, R. Foundations of behavioral research [J]. American Educational Research Association. 1974, 11 (3): 292 – 294.

[247] 李怀祖. 管理研究方法论 [M]. 西安: 西安交通大学出版社, 2000.

[248] Crocker, L., Algina, J. Introduction to classical and modern test theory [M]. Chicago: Holt, Rinehart and Winston, 1986.

[249] 吴明隆. 结构方程模型——AMOS 的操作与应用 [M]. 重庆: 重庆大学出版社, 2011.

[250] Straub, D. W. Validating instruments in MIS research [J]. MIS Quarterly. 1989, 13 (2): 147 – 169.

[251] Koufteros, X. A. Testing a model of pull production: A paradigm for manufacturing research using structural equation modeling [J]. Journal of Operations Management. 1999, 17 (4): 467 – 488.

[252] Rutherford, G. S. W. Multivariate data analysis with readings [M]. Carfax Publishing Co, 1988: 484 – 484.

[253] Bagozzi, R. P., Yi, Y. On the evaluation of structural equation models [J]. Journal of the Academy of Marketing Science. 1988, 16 (1): 74 – 94.

[254] Bentler, P., Bonett, D. Significance tests and goodness of fit in the analysis of covariance structures [J]. Psychological Bulletin. 1980, 88 (3): 588 – 606.

[255] Bentler, P. M. Comparative fit indexes in structural models [J]. Psychological bulletin. 1990, 107 (2): 238 – 246.

[256] 孟晓斌. 国际创业背景下中小企业组织动态能力及其绩效机制研究 [D]. 博士学位论文, 浙江大学, 2008.

[257] Cohen, P., West, S. G., Aiken, L. S. Applied multiple

regression/correlation analysis for the behavioral sciences [M]. Hoboken: Psychology Press, 2014.

[258] Shantz, J. R. Use of knowledge management as a learningtransfer platform [D]. ProQuest: UMI Dissertations Publishing. 2003.

[259] Utterback, J. M., Acee, H. J. Disruptive technologies: An expanded view [J]. International Journal of Innovation Management. 2005, 9 (1): 1 – 17.

[260] 傅家骥. 技术创新学 [M]. 北京: 清华大学出版社, 1998: 126 – 130.

[261] Jin, X., Chen, S., Wang, J., Wang, T. A study of the relationship between the knowledge base and the innovation performance [C]. 2014 Academy of Management Conference in Philadelphia, Pennsylvania. 2014.

[262] Media, O. R. Machine learning for hackers [M]. Portland: Ringgold Inc, 2012.

[263] Ziegel, E. R. Applied linear statistical models [J]. Technometrics. 1997, 39 (3): 342 – 342.

[264] Levinthal, D. A., Warglien, M. Landscape design: Designing for local action in complex worlds [J]. Organization Science. 1999, 10 (3): 342 – 357.

[265] 冯彦杰, 徐波. 基于学习分类器系统的企业战略适应性地形图模型 [J]. 系统工程理论与实践, 2008, 28 (12): 70 – 75.

[266] Merry, U. Organizational strategy on different landscapes: A new science approach [J]. Systemic Practice and Action Research. 1999, 12 (3): 257 – 278.

[267] Dooley, K. J., Van De Ven, A. H. Explaining complex organizational dynamics [J]. Organization Science. 1999, 10 (3): 358 – 372.

[268] McCarthy, I. P., Tan, Y. K. Manufacturing competitiveness and fitness landscape theory [J]. Journal of Materials Processing Tech. 2000, 107 (1): 347-352.

[269] Ian, P. M. Manufacturing strategy: Understanding the fitness landscape [J]. International Journal of Operations & Production Management. 2004, 24 (2): 124-150.

[270] 吴伟伟, 朱彬, 于渤. 企业技术管理的适合度景观研究 [J]. 中国软科学, 2006, (8): 127-133.

[271] Beinhocker, E. D. Robust adaptive strategies [J]. Sloan Management Review. 1999, 40 (3): 95-120.

[272] McCarthy, I. P. Technology management: A complex adaptive systems approach [J]. International Journal of Technology Management. 2003, 25 (8): 728-745.

[273] Frenken, K. A complexity approach to innovation networks: The case of the aircraft industry (1909-1997) [J]. Research Policy. 2000, 29 (2): 257-272.

[274] Berk, R. A. Classification and Regression Trees (CART) [M]. New York: Springer New York, 2008: 1-65.

[275] Dietterich, T. G. An experimental comparison of three methods for constructing ensembles of decision trees: Bagging, boosting, and randomization [J]. Machine Learning. 2000, 40 (2): 139-157.

[276] Omidvar, O., Dayhoff, J. E. Neural networks and pattern recognition [M]. San Diego, Calif: Academic Press, 1998.

[277] Breiman, L. Bagging predictors [J]. Machine Learning. 1996, 24 (2): 123-140.

[278] Webb, A. R. Tree-based methods [M]. Chichester, UK: John Wiley & Sons Ltd., 2002: 225-249.

[279] Loh, W.-Y., Vanichsetakul, N. Tree-structured classi-

fication via generalized discriminant analysis: Rejoinder [J]. Journal of the American Statistical Association. 1988, 83 (403): 728 - 728.

[280] Friedman, J. H. Multivariate adaptive regression splines [J]. The Annals of Statistics. 1991, 19 (1): 1 - 67.

[281] Freund, Y., Schapire, R. E. A decision - theoretic generalization of on - line learning and an application to boosting [J]. Journal of Computer and System Sciences. 1997, 55 (1): 119 - 139.

[282] Friedman, J. H. Stochastic gradient boosting [J]. Computational Statistics and Data Analysis. 2002, 38 (4): 367 - 378.

[283] Muller, K. R., Mika, S., Ratsch, G., Tsuda, K., Scholkopf, B. An introduction to kernel - based learning algorithms [J]. IEEE Transactions on Neural Networks. 2001, 12 (2): 181 - 201.

[284] Hofmann, T., Schölkopf, B., Smola, A. J. Kernel methods in machine learning [J]. The Annals of Statistics. 2008, 36 (3): 1171 - 1220.

[285] Tsochantaridis, I., Hofmann, T., Joachims, T., Altun, Y. Support vector machine learning for interdependent and structured output spaces. [C] Proceedings of the Twenty First International Conference on Machine Learning, Alberta 2004.

[286] Hastie, T., Rosset, S., Tibshirani, R., Zhu, J. The entire regularization path for the support vector machine [J]. Journal of Machine Learning Research. 2004, 5: 1391 - 1415.

[287] Gortmaker, S. L. Applied logistic regression [J]. American Sociological Association. 1994, 23 (1): 159 - 159.

[288] Lange, N. Neural networks for pattern recognition [J]. American Statistical Association. 1997, 92 (440): 1642 - 1645.

[289] Dybowski, R., Gant, V. Clinical applications of artificial neural networks [M]. Cambridge: Cambridge University Press, 2001.

[290] James, G., Witten, D., Hastie, T., Tibshirani, R. An introduction to statistical learning: With applications in R [M]. New York: Springer New York, 2013.

[291] Winter, S. G., Cattani, G., Dorsch, A. The value of moderate obsession: Insights from a new model of organizational search [J]. Organization Science. 2007, 18 (3): 403-419.

[292] 王凤彬, 陈建勋, 杨阳. 探索式与利用式技术创新及其平衡的效应分析 [J]. 管理世界, 2012 (3): 96-112.

[293] Teece, D. J. Dynamic capabilities: Routines versus entrepreneurial action [J]. Journal of Management Studies. 2012, 49 (8): 1395-1401.

附录

附录1：知识源战略、动态能力对创新绩效影响的访谈提纲

一、自我介绍及简介访谈目的

二、了解企业基本情况

企业发展历程、所有制形式、现阶段规模、主营业务类别、行业技术水平、销售额情况等。

三、了解企业知识源战略、动态能力及创新绩效情况

1. 企业的创新知识来源主要有哪些？与创新知识源的互动情况。
2. 企业的知识源策略是什么？其如何有效地支撑企业的创新绩效？
3. 企业的行业知识积累情况，以及对创新绩效的影响。
4. 公司所处行业近几年是否有重大技术进步？未来技术发展方向如何？
5. 企业洞察技术、市场变化的能力培育及具体做法。
6. 企业战略调整、组织架构、流程制度的灵活性如何？
7. 企业的知识能力集是否能得到较快更新？有哪些事例？
8. 企业应对技术、市场变化，对现有资源进行重新配置的能力

如何？有哪些事例？

9. 企业的创新内容和创新重点。
10. 企业每年推出新服务、应用新技术、开发新市场的情况。
11. 企业在持续改进方面具体都有哪些做法？取得了哪些成效？

附录2：知识源战略、动态能力对创新绩效影响的调研问卷

尊敬的领导/主管：您好！

本次调查的主要目的是希望通过了解我国知识密集型服务企业知识源战略、动态能力对创新绩效影响的实际情况，为管理创新研究者和中国企业管理者提供有价值的理论指导与应用参考。

为了真实反映我国企业知识源战略、动态能力和创新绩效的实际情况，请您在百忙中协助我们完成这份问卷的填写。您的回答对我们的研究非常重要，恳请您的帮助！本问卷纯属学术研究目的，没有任何商业用途，同时我们也承诺，我们将对贵公司提供的材料严格保密，如果需要，我们愿意将本研究的最终研究成果提供给贵方参考！

感谢您的支持！

第一部分　基本信息

公司基本信息：

1. 您所在企业的名称_____，创立于_____年。

2. 您所在企业的类型（请在您选择的答案前面的横线上打√，下同）

　　（1）_____ 国有企业

　　（2）_____ 股份制企业

　　（3）_____ 民营企业

（4）_____合资企业

（5）_____独资企业

3. 您所在企业的行业

（1）_____ 金融业（包括银行业、证券业、保险业、房地产和其他金融机构等）

（2）_____ 信息和通讯服务业（包括电信及其他通讯服务业、计算机服务业、软件业等）

（3）_____ 科技服务业（包括研究与试验发展、专业技术服务业、工程技术与规划管理、科技交流和推广服务业等）

（4）_____ 商业服务业（法律服务、咨询与调查、其他商务服务等）

4. 您所在企业的规模

（1）员工总数：_____ 人

（2）过去一年年销售额：_____ 万元

（3）资产总额：_____ 万元

个人基本信息：

1. 您的性别：_____ 男　　　　_____ 女

2. 您的年龄：_____ 岁

3. 您在当前所属企业供职的时间：_____ 年

4. 您的职位：

_____董事长　　　　_____首席执行官

_____首席信息官　　_____首席财务官

_____首席知识官　　_____人力资源总监

_____信息部门经理　_____人事部门经理

_____销售部门经理　_____战略规划部门经理

_____公司其他高管　_____其他部门经理

第二部分 关于知识源战略与动态能力的具体评价

1. 请根据您单位近三年知识源战略的实际情况进行评价，并在相应的框内打√。

测量项目 （采用1~7级评分，从1~7表示从强烈不同意到强烈同意）	1 强烈不同意	2 较不同意	3 稍不同意	4 中立	5 稍同意	6 较同意	7 强烈同意
我公司拥有多种专业技术人才。							
我公司注意保持与领先技术供应商的密切联系。							
我公司与爱好使用行业领先技术的客户密切联系。							
我公司注意保持与领先的研究型大学/机构密切联系。							
我公司对所属行业和领域非常熟悉。							
我公司积累了丰富的行业市场经验。							
我公司积累了丰富的行业管理知识。							
我公司拥有领先的行业技术知识。							

2. 请根据您单位近三年动态能力的实际情况进行评价，并在相应的框内打√。

测量项目 （采用1~7级评分，从1~7表示从强烈不同意到强烈同意）	1 强烈不同意	2 较不同意	3 稍不同意	4 中立	5 稍同意	6 较同意	7 强烈同意
我们能够迅速辨识技术、市场环境的变化。							
我们主动监测可能会影响公司业务的技术变化。							

续表

测量项目 （采用1~7级评分，从1~7表示从强烈不同意到强烈同意）	1 强烈不同意	2 较不同意	3 稍不同意	4 中立	5 稍同意	6 较同意	7 强烈同意
我们对影响公司业务的技术察觉迟缓。							
我公司会定期评估业务技术变化可能带来的影响。							
我公司有大量不受约束的资源，这些资源能立即为战略行动提供资金支持。							
我公司在短期内有大量可得资源来资助公司的重要举措。							
我公司进入新的业务领域，能够有效利用原有资源。							
我公司有大量由管理层自由裁量的资源以支持新战略。							
为了迎接新技术，我公司全员上下都时刻准备贡献知识和经验。							
为了适应新产品的需要，我公司能够积极调整既定的组织和流程。							
为了采纳新技术，我公司很容易更换知识能力集。							
如果新产品需要，我公司愿意放弃现有投资。							
我公司会积极追求新技术，即使会引起现有投资贬值。							

第三部分　关于创新绩效的具体评价

请根据您单位最近三年创新绩效的实际平均情况进行评价，并在相应的框内打√。

测量项目 （采用 1~5 级评分，从 1~5 表示 从完全不符合到完全符合）	1 完全 不符合	2 不太 符合	3 不确定	4 比较 符合	5 完全 符合
我公司能够不断接受超出现有产品和服务范围的新需求。					
我公司能持续创造新产品和服务。					
我公司会为本地市场持续开发新产品和服务。					
我公司会将全新的产品和服务商业化。					
我们经常利用新市场上的新机会。					
我公司不断开拓新的分销渠道。					
我们定期寻找并接近新市场上的新客户。					
我公司经常对现有产品和服务进行改进。					
我公司经常为现有客户推出升级产品和服务。					
我公司会定期对现有产品和服务进行微调。					
我公司会为本地市场引进经过改进的产品和产品系列。					
我公司不断提升产品和服务的供应效率。					
我公司不断扩大现有市场的经济规模。					
降低内部流程成本是我公司的一个重要目标。					

问卷到此结束，感谢您的支持！

若有任何意见或建议请在此填写：

您的姓名：_____   联系电话：_____   E-mail：_____

   如果您对本研究的结果感兴趣，请您联系：******@hotmail.com，再次感谢您的协助与支持！